Un si beau siècle

DU MÊME AUTEUR

Roger Nimier, le trafiquant d'insolence, Le Rocher, 1989. (La Petite Vermillon, 2007). Prix des Deux-Magots.

Basse saison, Albin Michel, 1991.

La vie sera plus belle, Albin Michel, 1994.

Port d'attache, Albin Michel, 1998. Prix François-Mauriac de l'Académie française et prix Henri-Queffelec.

Souviens-toi de Lisbonne, La Table Ronde, 1998 (La Petite Vermillon, 2008).

Ports mythiques, Le Chêne, 2002.

Esquisses normandes, National Geographic, 2002.

Maupassant, le clandestin, Mercure de France, 2000 (Folio n° 3666).

Normandie, photographies d'Hélène Bamberger, National Geographic, 2004.

Vietnam, photographies de Nicolas Cornet, Le Chêne, 2004.

Massawa, photographies d'Hugues Fontaine, Équateurs, 2004.

Un homme à la mer, Mercure de France, 2004 (Folio n° 4526).

Gaston et Gustave, Mercure de France, 2011 (Folio n° 5692). Prix Décembre 2011.

La Grande Nageuse, Mercure de France, 2014 (Folio n° 6010). Prix Jean-Freustié 2014.

Où vont les fils, Mercure de France, 2019.

Olivier Frébourg

Un si beau siècle

La poésie contre les écrans

ÉQUATEURS

ISBN 978-2-38284-084-9.

Dépôt légal : mai 2021.
2e tirage : juin 2021.

170 *bis*, boulevard du Montparnasse, 75014 Paris.

contact@editionsdesequateurs.fr
www.editionsdesequateurs.fr

À mon frère Thierry, jeune poète.

À l'esprit d'enfance.

À la douceur du temps nouveau,
Les bois feuillissent, les oiseaux
Chantent chacun en son latin,
Selon les vers du nouveau chant.
Il est donc temps de prendre
Ce que l'homme désire le plus.

Guillaume d'Aquitaine.

Enfant, laisse aux mers inquiètes
Le naufragé, tribun ou roi ;
Laisse s'en aller les poëtes !
La poésie est près de toi.

Victor Hugo.

L'affaire est entendue: les lumières sont éteintes depuis longtemps. Époque passablement sinistre. J'ai souvent réfléchi au beau mot de résistance. Ce précipité à la fois granitique et souple, électrique et poétique. Il est de nos jours lessivé. Nous en avons abusé comme un alcool facile à boire et travesti sa dignité. Il peut paraître lyrique et ne concerner que l'Histoire en majesté. Dans nos petites vies, pourtant, nous devons résister chaque jour, pour ne pas être écrasés par les affronts, les défaites, le chagrin.

In fine, la joie est le remède aux passions tristes. Elle consume le bol gris de nos mélancolies. Quand le monde est trop bruyant, je recours à la poésie. Elle ralentit le cours torrentiel du temps. Un petit gramme de stances ou de sonnets est moins toxique que le Prozac. Le ravage de la beauté est un incendie contemporain. Le paysage abrasé, détruit. L'installation de la laideur.

Là où la beauté disparaît, la contemplation et le silence s'effacent, la vie se réduit.

Je me demande ce que mes trois fils feront de ma bibliothèque. De ces livres blanchis par le soleil (paradoxalement le bronzage de la peau d'un livre) que j'ai laissés dans mon bureau percé par des fenêtres ouvertes sur un jardin et un champ où se reposent deux chevaux. Les livres que j'expose ainsi comme des fruits d'été, des pêches de vigne dans une cagette, ces livres qui m'ont constitué, ébloui, hanté. Ces livres lus, allongé sur mon lit d'enfant, de jeune homme, à ma table de travail. Ces livres, mon paravent contre les tempêtes, ma planque où personne ne pouvait m'attraper, ils ont été ma religion, mon abbaye de la Trappe. C'est un corps chaud qui palpite, une bibliothèque, pas une rangée d'astres morts. Nos livres sont nos parents puis deviennent nos enfants. Il faut s'en occuper, les caresser comme on caresse le front et les cheveux de nos enfants. Ce sont eux, les photos de nos vies. Ils ont accompagné nos périodes en couleur ou en noir et blanc. Celui-ci est un été. Celui-là, un hiver. Ce sont des rochers auxquels je m'accroche. Ils ne sont pas durs. Ils sont la tendresse intérieure du temps passé.

Les bibliothèques composent une mémoire vivante, un éveil des sens. Elles permettent de voyager d'un pays à l'autre. Les plus parfumées se trouvent dans les villas de vacances. Les livres gardent entre leurs pages la douceur du temps suspendu. Celui des chaises longues en toile délavée, des bains de mer. Entre les pages des grains de sable comme de la poudre d'or. Qui les a lues ? Des étrangers, des femmes et des hommes dont nous imaginons le visage, la vie. Ces bibliothèques donnaient de l'esprit, de l'ouverture aux maisons. Elles nous accueillent. Elles ne sont pas seulement synonymes de villégiature. Elles réchauffent les murs du réel, tracent des milliers de chemins au cœur de l'histoire, nous permettent de rendre chaque moment plus beau et intense. La vie est plus froide sans livres, plus dure. Économique, bornée.

Or, les bibliothèques ont disparu des maisons. Le symbole de la bourgeoisie éclairée a été englouti. Chez les nouveaux riches tout d'abord qui ont un vrai mépris pour la culture et préfèrent la technologie, le design à la poésie — aujourd'hui, tout doit être tendance —, dans les classes moyennes ensuite, trop occupées pour lire et qui doivent gagner leur vie en pleine crise, et dans les classes populaires qui finissent, elles aussi, par lâcher ne voyant même plus dans le livre un salut. Cet effacement est aussi dramatique qu'un autodafé.

Les écrans ont chassé les livres. La lecture exige le silence. C'est un cercle dans lequel on s'isole pour mieux rayonner. Sans imaginaire, nous sommes des papillons épinglés, dépourvus de passion ou de rêve. Les bibliothèques, tours à la construction insensée dans lesquelles s'épanouit le sens de la vie. Elles fondent comme la banquise du pôle Nord. Chaque année un peu plus, dans l'indifférence, comme des librairies fermant à Paris et en province, sans soulever la colère des foules. Mais quand le livre s'efface, une part de la civilisation recule. Les mots et les rêves se gomment peu à peu. Sommes-nous inconscients à ce point ? Monde sans mémoire. Monde dilué et avalé par le numérique. Nous regarderons définitivement les bibliothèques comme un musée, un objet de curiosité. Les écrivains se transformeront en figures de cire au soleil. Des pans de bibliothèque évoqueront des murs en pierre écroulés. Et bientôt, de notre vivant, de nouvelles générations regarderont le monde du papier avec dégoût ; un truc inutile, encombrant, et — argument suprême — peu écologique par rapport à leurs écrans si propres, si lisses. Quand le livre s'efface, l'esprit de résistance s'effondre.

Un soir d'été, autour d'un vin blanc de Chenonceaux, je parlais avec l'un de mes fils de Françoise Sagan, de Bernard Frank et des Hussards dont les livres étaient à son âge mes Baedeker. Et, soudain, je compris que cette légèreté, cette façon que Frank et Sagan avaient eue tous les deux de jouer la vie au casino, ce génie de la paresse qui avait sculpté leur élégance de grands fauves assoupis constituaient une panoplie révolue. Ces coups de griffes étaient devenus totalement anachroniques. Je pris alors conscience d'un léger décalage. Tout s'était vitrifié dans un conformisme que je n'aurais jamais imaginé. « Le bruit des hommes m'est étranger », écrit Claudel dans *Vers d'exil*.

Toute époque a son manteau de conformisme. Mais, cette fois, il s'est mondialisé. Phénomène inédit. Nous sommes devenus captifs d'un minotaure numérique — un seul œil mais des milliards d'algorithmes qui non seulement nous scrutent mais nous imposent leur rythme de non-vie, cette cadence de la consommation qui peu à peu mite la planète au point de la bouffer. Par nature révoltée et encline à changer le monde, la jeunesse a mué, par l'enfer des écrans, en un peuple de petits vieux devant sa soupe de réseaux. On ne regarde pas le réel à travers un écran.

Je connais de l'intérieur cet univers totalitaire, exterminateur. Je suis un naufragé, entouré d'ordinateurs. Je m'accroche à ce poème de Charles Juliet. Il m'accorde un peu d'espoir :

si tu n'as pas
connu
le naufrage
impossible
de gagner
la haute mer
le naufrage
première porte de la connaissance

Je suis devenu dépendant de mon téléphone intelligent. Mon smartphone est mon bras armé, ma croix, ma brûlure intérieure. Je me sens un exilé. Ce n'est pas une pose. Je ne joue pas Victor Hugo persécuté par l'empereur, prenant la route de Jersey puis de Guernesey. Mais je choisis la force océanique contre le nuage informatique. Nous vivons désormais en territoire occupé. J'ai l'impression d'être un collabo, un criminel envers mes enfants : je les ai laissés se faire contaminer. J'aurais dû leur apprendre ce que nous pouvons faire de nos mains et nous contenter du grec, du latin car depuis rien de nouveau sous le soleil. Tout clic informatique est une pulsion de mort. Et moi, je choisis la vie.

Nous savons qu'un complot mortifère sape nos sociétés. Je dis et redis à mes enfants : les écrans, ce n'est pas la vie. Ils détruisent le plus beau divertissement, l'ennui, le temps perdu, la rêverie. Le numérique, ce n'est pas un changement technique, c'est le global déshumanisé. Il y a comme un hic. Où sont les siestes dans la chaleur grésillante de l'été et le blé en herbe, les yeux vers le grand ciel ?

Regardons d'un plus près : la pensée est aux ordres. Partout, le même régiment mondial marche au pas cadencé. Même nourriture pour nos cerveaux décervelés. Nous ne voulons pas de ce monde, comprenez-vous bien. Nous ne méprisons aucunement les hommes mais la massification de la bêtise, de la haine, la destruction du silence et de la beauté nous rendent fous de douleur.

Bien sûr, les dieux sont morts et l'invasion de la technologie peut commencer quand les divinités ne s'occupent plus des mortels. Il n'y a plus de hiérarchie dans nos valeurs ; une folie s'empare de nous, êtres divagants. La morbidité de l'information, des réseaux sociaux est éclatante. C'est au premier sens du mot, la non-vie. La consommation est bien évidemment un acte compulsif et vain pour se détourner de la mort. Les écrans ont conduit à l'explosion de la société de l'instantané. Tout le monde doit demander et consommer le même produit en même temps. Tout doit être planétaire ou n'est pas. Le lancement d'un nouveau smartphone mobilise la planète autant qu'une finale de Coupe du monde de foot ou la mise à feu d'un vaisseau spatial. Dès lors, la pensée ne peut devenir que concentrationnaire et les réseaux sociaux ressembler à des camps de la mort.

Alors, oui, soudain on se dit Sagan, la légèreté, l'esprit français, l'humour, le trait sont menacés par la peur, la surveillance. Par une barbarie numérique qui vitrifie le monde, terrorise, entrave la liberté. Certes, l'esprit français est suspect, semble appartenir à l'ancien monde. Il est pourtant si féminin, si gracieux, si fin.

La danse, c'est important, non? Vivre exige de l'audace. Or, nous sommes éduqués par le régime de la terreur: peur des accidents, du chômage, des maladies. Bouclons nos ceintures de sécurité à l'avant et à l'arrière. Et bouclons-la. La plupart des êtres se résignent à ne pas vivre. Ils se contentent d'une survie bruyante. L'oppression économique a tué toute illusion de douceur. Les écrans en recouvrant d'un filet le réel ont plastifié et démantelé l'art de vivre. On ne pense pas librement si on ne vit pas librement.

On peut noter la méthode d'asservissement d'une génération en la transformant en petits vieillards. D'abord, on brise sa sexualité. On l'a vu dans les années 80 avec le sida. La capote! la capote! la capote! Sortez couverts! Quand la couverture devient une idéologie, toute énergie est enlevée aux êtres. Videz l'arbre de sa sève au printemps, il se transforme en bois mort. Sans sexualité, pas de vitalité. Ensuite, le chômage, la peur du lendemain, fait entrer tout le monde à la maison. Et, pour finir, tout le monde derrière un écran afin d'exercer une télésurveillance sur chacun et les retenir à la glu numérique comme des oiseaux pris au piège. Les digicodes avaient été intégrés depuis longtemps. Les caméras de surveillance, bien sûr. Interdiction à tous les étages. Nous vous rappelons qu'il est interdit de... Réglementation de la vitesse. Ne plus rouler pied au volant. Cheveux au vent. Le monde des gros 4 × 4, des SUV soulignait que la planète avait pris du poids.

Rien ne me fait plus rire que les muscadins

qui nous ordonnent d'aimer le progrès, notre temps épatant. Depuis les Lumières, il faut être la mode. Je me souviens des patrons de la presse écrite qui ne voulaient absolument pas manquer le virage de l'Internet : nouvel Eldorado, « le champ des possibles ». Comme si l'économie était toujours bonne mère et bonne conseillère. Il fallait faire confiance au marché. Résultat : la presse écrite devint la sidérurgie de la pensée. Et les journaux papier furent condamnés à une agonie douloureuse. Cette conduite suicidaire nous laisse à penser que le loup est entré dans la bergerie sans aucune difficulté.

Il ne faut surtout pas manquer la mutation technologique. Le bourgeois est par définition l'homme du progrès. Il aime les innovations, les finance. Sa hantise : ne pas être de son temps, dans l'air du temps, dans la grande roue de la fête foraine. Le propre du bourgeois est la crainte du vieillissement : il porte des vêtements de couleur après soixante ans.

Au moment où la communication en réseau tissait ses fibres autour de notre planète bleue, emprisonnait les États, les paysages, le ciel et l'océan comme le gladiateur jetait un filet sur son adversaire à terre, un virus, hacker mondial, paralysait la planète.

Le virus et le numérique développent la même idéologie de la peur : Restez chez vous. Donner au plouc du *some where* l'illusion qu'il est dans le *no where*, l'universel. Alors qu'il n'est que dans la marchandise, un pion dans le hangar d'Amazon.

Le virus est contemporain de l'ère numérique. Communication virale, pensée bestiale. Les cathédrales de pierre brûlent, les charpentes en chêne finissent en cendres, les piliers romans s'effondrent quand la Toile s'enflamme.

Le virus foudroya l'humanité, le réel devint fantomatique. Nous avions l'impression d'être des zombies. Or, par essence, les écrans produisent une zombification. Le monde est un gigantesque ectoplasme.

Pourquoi comparer les églises et les ordinateurs ? Un temps vertical a été renversé par un temps horizontal. L'inquisition catholique était plus féroce que l'inquisition numérique, mais l'avenir risque de nous réserver quelques surprises.

L'ascension du numérique dans la vie est concomitante à la disparition de la croyance dans Dieu.

L'indifférence est l'une des conséquences de l'invasion des écrans. L'inflammation de l'information, sa propagation incendiaire nous rend peu à peu insensibles aux tragédies, qui méritent notre recueillement. À force de vues (qui ne sont pas celles étincelantes de Paul Valéry) de vidéos, notre cerveau est saturé, demande grâce, ne porte plus d'attention à l'autre. Ce n'est en rien le détachement du stoïcien, la belle indifférence de jeunes gens épris de dandysme et lecteurs de Moravia. Non, c'est une banalisation, un aplatissement de nos réactions. Bien sûr, on s'indigne, insulte, mais une tragédie chasse l'autre et on oublie la mémoire de la douleur.

Quand je vois à bord d'un train ces familles sur leur mobile, immobiles, tétanisées, comme Gulliver enchaîné par les Lilliputiens, je mesure la menace sur l'esprit de notre civilisation. Il arrive parfois que cette famille soit la mienne. Et les sanglots m'étranglent.

Internet n'est en rien une intelligence universelle, mais un système sophistiqué d'esclavage moderne.

Internet n'est pas une vague libertaire pour surfeurs de l'intelligence, mais bien le plus fascinant outil de domination idéologique de tous les temps.

Il ne s'agit pas d'être pour ou contre, de faire partie des anciens ou modernes. Le débat est dépassé. Il s'agit de combattre ce qui détruit l'homme.

Il n'y a pas de régulation possible des réseaux sociaux. On n'apprivoise pas les Gorgones. Les têtes de l'hydre de Lerne repoussent sans cesse après avoir été tranchées. Voici les nouvelles mythologies du numérique. Amazon, Apple, Google sont des créatures démoniaques, qui font de nous, petits humains, des objets sous l'emprise de leurs griffes.

Du divertissement d'étudiants (Facebook), ces monstres sont devenus des puissances politiques, économiques, les maîtres du monde. Ils étaient de faux amis, ils sont devenus nos flics, nos banquiers, nos justiciers, nos médecins. Aucun écrivain ne l'a imaginé. Phénomène inédit que n'exerça nulle autre entreprise dans l'histoire de la société. Et nous les affrontons comme des adversaires. Il faudra la ruse d'Ulysse pour les mettre en déroute.

Les réseaux sociaux figurent une chimère : une tête de lion, un corps de chèvre et une queue de serpent. La chimère crache du feu, dévore les humains. Mais les écrans et les réseaux sociaux empruntent à toutes les créatures de la mythologie : à la fois Harpies, Charybde et Scylla, Géants, Sirènes, Aigle et Cerbère. Parole de la divine Circé :

> Scylla ne peut mourir ! C'est un mal éternel, un terrible fléau, un monstre inattaquable ! la force serait vaine ; il n'est de sûr moyen contre elle que la fuite !

Ce passage n'est-il pas une allégorie de ce que nous vivons avec la folie de twitter :

> Quand Charybde vomit, toute la mer bouillonne et retentit comme un bassin sur un grand feu : l'écume en rejaillit jusqu'au haut des écueils et les couvre tous les deux. Quand Charybde engloutit à nouveau l'onde amère, on la voit, dans son trou, bouillonner tout entière ; le rocher du pourtour mugit terriblement ; tout en bas, apparaît un fond de sables bleus.

Alors je me saisis ou plutôt plonge dans les eaux claires de Jean Racine :

> Les Méchants m'ont vanté leurs mensonges frivoles :
> Mais je n'aime que les paroles
> De l'éternelle Vérité
> Plein du feu divin qui m'inspire,
> Je consacre aujourd'hui ma lyre
> À la céleste charité.

La poésie est l'ennemi audacieux des réseaux sociaux. La colonne de la beauté opposée au vertige de la haine :

Donne-nous un ferme courage;
Brise la noire dent du serpent envieux;
Que le calme, grand Dieu, suive de près l'orage:
Fais-nous faire toujours ce qui plaît à tes yeux.

Ne plus avoir ce lien charnel avec le réel mais uniquement avec notre smartphone, cette boîte noire qui nous empêche de regarder le ciel, de lever la tête, et nous assigne à la servitude volontaire. Début de la folie. La liberté est naturelle à l'homme, écrivait La Boétie dans son fameux *Discours*. La Boétie ne pouvait envisager les écrans comme forme de tyrannie mais il a vu un trait constant à travers les époques: « La première raison pour laquelle les hommes servent volontairement, c'est qu'ils naissent serfs — et qu'ils sont élevés comme tels. »

Nous sommes nés libres, avons connu l'ennui et la rêverie. Nos enfants sont nés esclaves dans une société technologique en mutation: 1re G, 2e G, 3e G, 4e G, 5e G. Plus on avance dans la technologie, plus la surveillance absolue s'étend et plus le génie humain s'effondre.

« Il est certain qu'avec la liberté on perd aussitôt la vaillance. Les gens soumis n'ont ni ardeur ni pugnacité au combat, écrit La Boétie. Ils y vont comme ligotés et tout engourdis, s'acquittant avec peine d'une obligation. Ils ne sentent pas bouillir dans leur cœur l'ardeur de la liberté qui fait mépriser le péril et donne envie de gagner, par une belle mort auprès de ses compagnons, l'honneur et la gloire. »

L'honneur et la gloire sont des valeurs portées depuis Homère : elles font ricaner les *geeks* à casquette.

Pour en finir, et prouver qu'il n'y a aucun doute sur notre servitude volontaire aux écrans : « N'est-il pas clair que les tyrans, pour s'affermir, se sont efforcés d'habituer le peuple non seulement à l'obéissance et à la servitude, mais encore à leur dévotion ? »

N'y a-t-il pas une dévotion, au sens de culte, de la génération Covid aux iPhone. Le réel chez elle laissera place à la cyber-réalité. Chaque génération se doit de réaliser un chef-d'œuvre ou un acte héroïque. Pensons à ces millions de jeunes gens morts pendant la guerre de 14-18. Pensons à la jeunesse surréaliste. Les *millenials* ont été par notre faute soumis aux écrans, confinés intellectuellement puis physiquement. Où est l'énergie, si ce n'est dans le suivisme des bannières américaines et des réseaux sociaux ? Période d'engouements, plus que d'engagements. On s'enflamme, on s'éteint. La politisation a commis des ravages mais la numérisation est encore plus massive dans l'asservissement des populations.

En 1973, Pasolini dans ses *Écrits corsaires* dénonçait l'hédonisme néo-laïc, aveuglément oublieux de toute valeur humaniste et aveuglément étranger aux sciences humaines : « Dans tout cela, la responsabilité de la télévision est énorme, non pas, certes, en tant que moyen technique, mais en tant qu'instrument de pouvoir et pouvoir elle-même. » Selon lui, aucun centralisme fasciste n'était parvenu « à faire ce qu'a fait le centralisme de la société de consommation ». Que dirait-il de notre époque où, au même moment, toute la jeunesse du monde se précipite sur une vidéo de la plate-forme YouTube.

La numérisation est un arasement de la mémoire. La Covid n'aura fait que développer la vie YouTube. Dépression garantie. Comme c'est beau une génération ! Celle née en 2000 sera celle de la pandémie à perpétuité. Car la pandémie caractérise très bien aussi la contamination numérique. Il n'y a aucun rêve à l'horizon. Une génération qui ne rêve pas est une génération qui ne peut agir. Or, la vie ne peut être axée selon un écran. Elle n'a de sens et de souffle qu'au cœur de la nature. Les écrans détruisent le corps. Syndrome de l'enfant voûté à force de jouer sur sa console et son téléphone. Les écrans courbent la vie. Il faut se relever. Rester droit, au grand air.

Les écrans et les réseaux ont pour objectif de détruire l'attention et de la remplacer par l'impulsion. Cette concentration de l'esprit, cette prévenance sont presque des mots de l'ancien régime : « beauté, mon beau souci ». Ne plus être attentif au sublime du quotidien. Être énervé, c'est trancher les nerfs. Se montrer attentif au détail, à la peinture. Apprendre à regarder le frémissement, le signe du divin.

À l'époque des écrans et du virus, le pistage et le dépistage furent les deux sillages de ces jours de défaite. Les écrans produisent l'anomie. La distanciation sociale a commencé à partir de l'invasion des écrans dans les foyers. La télévision, bien sûr, puis les ordinateurs et smartphones qui nous ont tous mis à l'isolement comme dans les anciens quartiers de sécurité des prisons.

Enfin, n'oublions pas la mise sous tension, le flux qui ne doit jamais nous laisser la tête en paix : « Avoir toujours l'œil aux aguets, l'oreille aux écoutes, pour épier d'où viendra le coup, pour découvrir les embûches, tâter la mine de ses concurrents, deviner le traître. Sourire à chacun et se méfier de tous, n'avoir ni ennemi ouvert ni ami assuré, montrer toujours un visage riant quand le cœur est transi ; ne pas pouvoir être joyeux, ni oser être triste. » Somptueux !

Les alertes, la multiplication des alertes comme un monitoring, un scope d'hôpital. On n'est pas sous respiration artificielle mais sous l'artifice des nouvelles permanentes qui détruisent le moral. Car l'encombrement mental doit être maximal. La rêverie ne doit plus exister. L'imaginaire, c'est le début de la révolte contre le monde numérique.

La tristesse infinie, cette mélancolie des profondeurs qui broie le cœur comme un piège à bête, la joie exagérée, bref, cette musique de l'âme, elle n'existe pas sur les écrans, filtres vitrifiés de l'âme humaine. Lisons l'Alexandrin Cavafy.

> Et si tu ne peux pas mener la vie que tu veux,
> Essaie au moins de faire en sorte, autant que possible : de ne pas la gâcher dans trop de rapports mondains, dans trop d'agitations et de discours.

L'agitation et le discours, voilà la récolte des écrans. Tout sentiment, toute tentation poétique leur étant étrangers. Il n'y a pas de beauté possible sur ces surfaces. Voici le temps du cyber-enfer. On nous oblige à numériser nos vies au risque de ne plus exister.

La poésie permet d'oublier l'esprit de troupeau, cette signature de l'enfer des écrans. La pensée singulière nuancée y est dépecée par les fauves en furie. De même que la vraie provocation, la dissidence, cet esprit européen y sont broyés. Twitter, c'est le rouleau compresseur. La massification de la pensée contre le grain de beauté de l'humour.

Lire de la poésie chaque matin est l'antidote à l'infection. Nous ne pouvons échapper au bruit du monde car nous sommes nécessairement de notre temps, mais ce déchaînement de tweets, d'images aliénantes. Il ne faut pas se laisser contaminer par le poison. Il ne peut que déboucher sur l'amertume. La poésie, forme sacrée du profane, repousse ce lessivage des corps et des âmes. Tiens, ce matin, un peu de Corbière, le Breton, auteur des *Amours jaunes* :

> Métier ! Métier de mourir…
> Assez, j'ai fini mon étude.

Métier : se rimer finir !...
C'est une affaire d'habitude.

Mais non, la poésie est : vivre,
Paresser encore, et souffrir
Pour toi, maîtresse ! et pour mon livre ;
Il est là qui dort.

Il faut toujours chercher la lumière, fuir l'obscurité malsaine, le *dark net*. Où que je sois, la poésie m'ensoleille alors que l'écran m'ensommeille.

Aujourd'hui, je suis en escale à Marseille, ville fondée par le marin Pythéas, et tombe au marché, pour le prix d'une grappe de raisin, sur un recueil du poète grec Odysseus Elytis. Quel prénom, irrésistible. Il est né à Héraklion, au croisement des rues d'Ariane et de Pasiphaë, dans le quartier dit des 7-Haches :

À l'aube, j'ai réveillé les voluptés,
à l'aube allumé mon peuplier blanc
Avec la main devant j'ai gagné le bord de mer
là-bas tout seul je l'ai dressé :
Tu as soufflé et les tourmentes m'ont cerné
un à un tu m'as ravi les oiseaux —
Mon Dieu tu m'appelais comment t'échapper ?

Je sens le parfum des noisetiers du mont Athos, l'odeur de l'huile et de la caroube des bateaux. Une correspondance, une chambre d'écho commence à naître.

Joli brin de mer si verte à treize ans
je voudrais de toi faire mon enfant

T'envoyer à l'école en Ionie
Approfondir absinthe et mandarine.

Ou bien :

Ayant connu l'amour et séjourné des siècles au milieu de la mer j'appris à lire et à écrire.

Ainsi, j'embarque, léger, fluide, suivant le soleil comme un héliotrope, ouvert à l'inconnu de la vie. Et, pour reprendre le titre de l'un de ses poèmes, « en avant, sans forcer ».

Le vent enfle la voile en son milieu et tout autour les flots sous l'étrave écumants gémissent au flanc du navire.
Et voici que nous longions le pays des Lotophages.

Les Lotophages, ce peuple qui offre des feuilles de lotos aux compagnons d'Ulysse afin qu'ils ne sachent plus d'où ils viennent, cette amnésie des origines. Les écrans sont des Lotophages. Ils ne sont que suprématie de l'instant, effacement des origines. On est collé aux écrans comme les compagnons d'Ulysse

voudraient se fixer chez ces mangeurs de dattes, et gorgés de ces fruits remettre à tout jamais la date du retour.

Je dus les ramener de force, tout en pleurs, et les mettre à la chaîne, allongés sous les bancs, au fond de leurs vaisseaux.

C'est au prétendu âge d'or de la démocratie — mais peut-être était-ce une dépression dissimulée — que furent mis en place le traçage et la traque de nos faits et gestes.

Parallèlement, le numérique a décrédibilisé le politique. Il l'abrase, car c'est une globalisation qui va plus vite que la vitesse de la lumière. Tel un cheval de Troie, il a pris pied dans l'enceinte des États, annonce des temps obscurantistes. La numérisation est une déshumanisation. L'homme devient un accessoire, un dérivé. Le numérique lui dicte ses pulsions, ses désirs. Nous sommes tous enchaînés et jamais une telle chaîne apparemment invisible ne nous a réduits autant prisonniers, interrogés, mis à la question, raflé nos données personnelles auxquelles justement nous ne sommes pas réductibles.

Il serait alors aisé de refuser la connexion, de ne pas nous soumettre à la téléphonie mobile, aux courriels et aux moteurs de recherche. Dans ce cas, non seulement nous risquons la ringardisation, mais aussi un voyage vers la préhistoire. Nous ne comptons plus, disparaissons du circuit économique. Le monde ne s'intéresse qu'aux agents actifs et consommateurs. D'une façon ou d'une autre, il faut nous récupérer.

Nous lisions des romans de science-fiction (*Ravage* ou *1984*) en pensant être des enfants gâtés, assoupis dans nos démocraties fatiguées. En quelques années, on a basculé d'une géographie de la liberté à une géographie assistée, verrouillée. Cela s'appelait autrefois une prison. Aujourd'hui, une société de contrôle. Mise en place à l'origine par des étudiants *friendly* un peu indisciplinés devenus des dictateurs ayant en main toutes les données. Nous sommes complices de ce pouvoir absolutiste. Nous consentons à cette société comme nous acceptons les *cookies* : « le respect de votre vie privée est notre priorité » : quelle tragi-comédie ! Comme je déteste les *smiley*, ces émoticônes jaunes souriants, grimaçants, ces cœurs artificiels pareils à des baudruches : elle est là, la régression de la langue.

Et, d'un coup, je me souviens de ces vers de Toulet :

Prends garde à la douceur des choses
Lorsque tu sens battre sans cause
    Ton cœur trop lourd ;

Et que se taisent les colombes :
Parle tout bas, si c'est d'amour,
    Au bord des tombes.

La numérisation est une injonction à oublier la mort, nos morts, la grande mémoire. Mais aussi le plus sûr moyen d'effacer la douceur de la vie. La numérisation n'est pas une mélodie mais une ordalie. Ce n'est pas un voyage, mais une assignation à la sédentarisation. Plus de rythme, plus de rime, plus de vie.

    Mon enfant, ma sœur,
    Songe à la douceur
D'aller là-bas vivre ensemble ;
    — Aimer à loisir,
    Aimer et mourir
Au pays qui te ressemble !
    Les soleils mouillés
    De ces ciels brouillés
Pour mon esprit ont les charmes
    Si mystérieux
    De tes traîtres yeux
Brillant à travers leurs larmes.

Baudelaire a haï la modernité. Ne le condamnez pas ! Qui créera cette musique, ce sublime de la mélancolie sur les plates-formes numériques ?

La numérisation du monde a entraîné une mondialisation du sentiment paranoïaque. C'est un procès généralisé. Un peu comme celui que

K subit dans le roman de Kafka : « K vivait pourtant dans un État constitutionnel. La paix régnait partout ! Les lois étaient respectées. Qui osait là lui tomber dessus dans sa maison ? » Comprenez bien ! Jamais on n'aurait pensé vivre sous le regard d'une caméra permanente, d'algorithmes traqueurs. Ce *1984* géant dont se gorgeaient désormais les bourgeois qui, quelques années auparavant, se jetaient dans les bras de Guy Debord et sa *Société du spectacle*. Cette paranoïa, mal mystérieux, fait tressaillir le Hollandais meurtrier dans *L'homme qui regardait passer les trains* de Simenon. La paranoïa, cela se termine rarement bien. Nous ne regardons plus les trains passer et encore moins partir puisque les gares ne disposent plus de salle des pas-perdus. Elles sont devenues des zones de *marchandising*: le hamster affolé et décervelé ne doit pas s'arrêter sur la route de la consommation. Si la numérisation apportait le bonheur, cela se saurait. Jamais le taux de dépressions n'a été aussi élevé qu'au temps de la numérisation. Voici venue l'heure de la dépossession.

Je ne veux plus de la nouvelle version iOS, je ne veux plus autoriser la grosse pomme à accéder à mes photos de famille, Linkedin à peser le poids de mes fréquentations. Je ne veux plus accepter que toute ma vie soit mise dans une puce qui suit la moindre de mes vibrations physiques et mentales. Il ne faut surtout pas que notre vie soit mise à jour car l'effondrement s'accentue justement un peu plus chaque jour. Laissez-nous les jours anciens pour pleurer et rire en paix. Il faut buissonner la vie,

> Vagabonds, sous vos doux haillons,
> Deux étoiles rébarbatives
> Croisent leurs jambes narratives,
> Trinquent à la santé des prisons.
>
> (René Char.)

La poésie est cette petite flamme qui nous relève dans les moments d'effondrement. Internet est une forêt dantesque :

> Je vois autour de moi, partout où je me tourne, où que j'aille et où que je regarde, nouveaux tourments et nouveaux tourmentés.

Nous sommes une particule infime de l'humanité. Mais ce n'est pas une raison de gâcher son temps dans l'éparpillement des écrans :

> Envole-toi bien loin de ces miasmes morbides ; …
> Derrière les ennuis et les vastes chagrins
> Qui chargent de leur poids l'existence brumeuse,
> Heureux celui qui peut d'une aile vigoureuse
> S'élancer vers les champs lumineux et sereins !

Qu'aurait pensé Baudelaire d'Internet et des réseaux sociaux. Car la poésie, cette vie antérieure, est antinomique de la Toile et des écrans. Il n'y a pas de parfum sur les écrans. Et l'impureté baudelairienne, le très bas ou le très haut, n'a rien à voir avec la fosse à vidange des réseaux sociaux. L'art et l'amour, nous implorait Baudelaire, sont la rançon que l'homme doit payer s'il veut gagner « le suffrage des anges ».

Le temps de la lecture d'un poème, de sa relecture, de sa mémorisation, est antagoniste à l'impulsion « écranique ». Un poème est une prière : silence exigé. Il faut se perdre dans le dédale des vers pour les respirer : c'est la plus belle des ouvertures sur les vents contraires du monde.

Je me souviens de mes déambulations dans Lisbonne, sur ses pavés, cailloux blancs dans le dédale de la ville, porté par l'air bleu et doré du Tage, ruban vaporeux qui nous met en suspens. S'il y a une ville où il ne faut pas marcher avec Google Maps, c'est bien Lisbonne, finistère de l'Europe et pointe émergente de l'Afrique. La fluidité, les parfums vous transportent dans un songe atlantique, un imaginaire sans frontières où la vie et la mort se confondent dans la même rêverie.

Je ne suis rien.
Je ne serai jamais rien.
Je ne saurais vouloir être rien.
À part ça, je porte en moi tous les rêves du monde.

Fenêtres de ma chambre,
De ma chambre où loge un de ces millions
Qui sont au Monde sans que personne le sache.

C'est l'ouverture de *Bureau de tabac* de Pessoa — on serait tenté de dire un poème, en fait une odyssée, constat du ratage inexorable de sa vie et épiphanie d'un royaume du rêve. L'essence de la rêverie, c'est-à-dire le trésor et le secret, n'est pas dans la lourdeur de l'intellect mais la légèreté de la fumée. Petite vie d'employé de commerce dans une ville qui semblait unir et confondre toutes les villes du monde, poète du divin profane confronté au mystère et au néant. Car Lisbonne n'est pas une cité délimitée mais une capitale de la douceur, de la douleur apprivoisée ; une mer, avec ses vapeurs, sur laquelle navigue Pessoa, marin lusitanien. Il y a antinomie entre l'Ulysse de la poésie et la Toile américaine. Et pourtant, c'est à l'*Americano*, un bar qui a traversé les vagues des jours et des nuits, stoïque comme un phare, signalé par un ami flamand, Arnould de L., amoureux de l'opium et de Barbey d'Aurevilly, que j'avais chaque soir un tête-à-tête avec Fernando.

Après tout, nous étions deux transitaires maritimes en discussion pour nos affaires, amoureux des navires, de la marchandise et des dérives océaniques.

Plus jeune, j'avais été agent de consignation à Dieppe et je connaissais les écritures portuaires, douanières — ce que le commerce avait de plus poétique. « Dans la vie, écrivait Fernando, la seule réalité est la sensation. Dans l'art, la seule réalité est la conscience de ces sensations. »

Ce feu d'artifice de sensations et cette panoplie d'hétéronymes, voilà l'offrande de la poésie. Et Pessoa comme Baudelaire me paraissent deux Ulysse adaptés à l'action clandestine. Bars et poésie sont des lieux amis, des refuges pour se protéger de l'effroi. « Il m'arrive de soutenir qu'un poème — je dirais aussi bien un tableau ou une statue mais je ne considère pas la peinture et la sculpture comme des arts, seulement comme des travaux artisanaux de qualité — est une personne, un être humain vivant, qu'il appartient, avec une présence corporelle et une existence charnelle, à un autre monde où notre imagination le projette. »

Les grands cafés et les terrasses, embarcadères pour des voyages au long cours, bercent le temps. Nous retournerons dans les capitales maritimes et sudistes pour nous enrouler dans le tango et le fado, ces larmes dansées. *Ode maritime :*

Le mystère joyeux et triste des arrivées et des départs.
Ils charrient des souvenirs de quais lointains et d'autres moments
D'une autre façon de la même humanité en d'autres ports.
Tout abordage, tout largage des amarres,
Est — je le sens en moi comme mon propre sang —
Inconsciemment symbolique, terriblement
Menaçant de significations métaphysiques
Qui perturbent en moi celui que j'ai été...
Ah, le quai est tout entier une mélancolie de pierre !

(Pessoa.)

À Paris, ville de la poésie avant de devenir capitale de la fibre et de la 5G, j'ajoute donc Lisbonne, long poème qui déambule dans les rues pentues et brinquebale à bord des tramways avant de se tremper dans le Tage. Bien sûr, aujourd'hui, les poètes sont devenus des guides touristiques (Pessoa à Lisbonne, Rimbaud à Djibouti). Il faut pourtant lire la poésie comme on fume de l'opium ou l'on boit de l'absinthe. Comme j'aime me perdre dans cette vapeur si douce, sentir l'ivresse s'emparer de moi et me transporter. Je cède à un vieux vice, celui des larmes, de la mélancolie, des sirènes déchirantes, le verre et le vers sont liés comme les serpents autour de la baguette de laurier du caducée. La poésie nous donne des ailes, fait de nous des Hollandais volants passant de bateau en bateau.

Maintenant, j'entends l'appel des navires. Je suis à l'*Americano*, avec mon verre de vin blanc à moins que ce soit un gin tonic. Non, le gin tonic, c'est au *Pavillon chinois*, à la frontière du Barrio

Alto et de Principe Real, rue Dom Pedro *cinque*. J'aime cette conversation quand le jour baisse et que les heures nous taraudent le cœur. Je parle avec mon ami Arnould, l'écrivain Antonio T., avec mes morts, ces vivants plus éclatants que les éphémères contemporains. « Par le Tage, on va vers le monde », écrit Pessoa dans *Le Gardeur de troupeaux*.

— Fernando, permets-moi de te présenter un vieil ami, Louis, Louis Brauquier, agent des Messageries maritimes et poète marseillais qui a fait le tour du monde, aime les rades foraines et les vérandas australes.

Le soir doux porte des promesses de navires
Qui seront là demain.
Le cœur le plus humain, agrandi, se déchire
Et saigne sur nos mains.

La détresse et l'amour ne trouvent que des larmes
Sur les quais émouvants.
Les paquebots, vidés d'espérance, se calment,
Noirs, près des hangars blancs.

Brauquier n'était pas un globe-trotter mais un sédentaire en escale à perpétuité. Il était l'ami des dockers, lamaneurs, armateurs et capitaines. Pessoa fut aussi le promeneur des quais de la rêverie. Tous deux aimaient la fumée des navires et du tabac. C'était avant le triomphe de l'hygiénisme et du sanitaire antinomiques à la poésie. L'ivresse, le tabac, le poème sont des allégements du réel si lourd.

Plutôt le vol de l'oiseau qui passe et ne laisse point de trace
que le passage de l'animal dont le sourire demeure imprimé
sur le sol
Passe oiseau et enseigne-moi à passer...
Passe, oiseau, passe, et apprends-moi à passer !

Passer, oublier, ne respecter que la ponctualité du soleil. Tout est illusion. Les marchandises étaient aussi en transit. Car Brauquier évoquait la beauté, la noblesse de la marchandise et des cargos, ces bateaux maigres et noirs.

Dans le soir émouvant dansent les mappemondes,
Les bars sont l'archipel d'un obscur océan
Où nous buvons, choquant les verres à la ronde,
Le regret qui nous vient des premiers portulans.

La poésie est un fado et le fado un poème maritime, comme le tango. Oui, l'entrelacs des ruelles, le visage de la féminité partout, la beauté menacée cernée, l'appel du voyage, la séparation, ce passé qui ne se rattrape jamais. La poésie est le ressac de l'océan. On est frères entre marins dans un bar quels que soient notre pavillon et notre port d'attache. De l'*Americano* au *Pavillon chinois*, et comme la répercussion d'une onde marine, escalant de comptoir en comptoir, reflet des miroirs du Tage, de nos visages, de nos royaumes. Et nous dévalons jusqu'à la mer pour nous réfugier dans une grotte d'Ai Mouraria, ce lieu baudelairien où les aristocrates se prostituent et les putains s'aristocratisent. On rentre à la casa. Mais une casa de la *sensualidade*. Les poèmes comme les fados sont des pavillons de toutes les couleurs contre la noire barbarie.

Ce chant du départ et de l'impossible retour passe de génération en génération comme une transmission de pouvoirs entre commandants de bateaux. La poésie nous invite à traverser les miroirs, les pays et à hanter notre géographie imaginaire. La poésie est un monde distinct, il emprunte aux dieux et aux fantômes. Les vivants et les morts habitent le même royaume. *Lisbon revisited :*

Rien ne m'attache à rien.
J'ai envie de cinquante choses en même temps.
Avec une angoisse de faim charnelle
j'aspire à un je ne sais quoi —
de façon bien définie à l'indéfini...
Je dors inquiet, je vis dans l'état de rêve anxieux
du dormeur inquiet, qui rêve à demi.

Ne pas s'arrêter surtout, ne pas se trouver en cale sèche. D'ailleurs, Louis Brauquier a dédié l'un de ses poèmes à Armand Guibert, le traducteur de Pessoa :

Souvenirs
De petits déjeuners servis dans la cabine
Entre Marseille et Curaçao ou Panama,
Et tout ce désespoir que ne mentionnait pas
Le manifeste « pacotille » de l'équipage.

Il faut aimer les villes portuaires et leurs rues la nuit, ces passerelles sous les étoiles. Et Lisbonne me fait passer à Saint-Malo, rue de la Soif, où avec un poète et des marins belges nous fîmes frégater les verres au point que nos cerveaux trempèrent dans une encre bleu marine qui vira au noir. Mon ami Jean-Claude Pirotte, l'auteur de *La Rue des Remberges*, dont je lisais les chroniques en un temps lointain, dans *La Liberté du Morbihan*, déployait alors sa longue silhouette aristocratique pareille à celle d'Antony Quinn dans *La Bataille de San Sebastian* :

> je suis triste la rue
> est au soleil du soir comme une
> fille étonnée par un premier amour
> je suis triste la fille
> regarde à l'horizon le jour
> s'éloigner doucement comme un
> premier amant oublieux du plaisir
> et la fontaine bleue prélude
> au chant d'oiseau qui désigne la nuit.

Pirotte, le Belge devenu lusitanien parce qu'il était d'ailleurs, entretenait le culte de l'étrange et du familier. Il m'écrivait au sujet des comptoirs lisboètes : « Les estaminets de la nuit méritent de brillants chapitres. »

Il avait trouvé un petit port d'escale sur la côte au-dessous de Nazaré à São Martinho do Porto. « Ici, j'écoute la mer glisser dans le goulot de la baie (on doit dire goulet je crois, mais il y a aussi comme un bruit de bouteille quand on verse le vin). » Il me parlait d'Armen Lubin (*Transfert nocturne*), de Jacques Réda (*Retour au calme*), d'André Dhôtel (*Nulle part*), de Jaccottet (*La Promenade sous les arbres*), de Perros (*Lexique*).

Il me demandait aussi des nouvelles de Brauquier dont il appréciait la fonction de subrécargue. « São Martinho vaut bien Lisbonne ou Paris quand il pleut à verse et qu'il reste aux pauvres hommes à rêver de l'origine des langages qui ne les séparent pas… »

Il attachait autant d'importance à la correspondance épistolaire qu'aux concordances poétiques, attentif aux mots et à l'amitié, aux suspensions de la nuit. Avant son incursion lisboète, nous avions entre nous le Portugal comme un pacte contre l'adversité. Tant de fois, nous avions dérivé de conserve dans les brumes.

Un jour d'hiver, nous avions appareillé pour les Ardennes belges. Un agent des Messageries poétiques, Guy Goffette, nous attendait dans la nuit. Il tenait une librairie de livres anciens dans les confins. Il y avait là quelques amis dont Lambert Schlechter. Étrange confrérie de fumeurs de tabac roulé qui m'avait fait découvrir les cigarettes Maryland (cigarettes luxembourgeoises dans un paquet rose souple carrossé comme une Cadillac des années 50).

J'avais acheté dans la librairie de Goffette un livre sur les Gretchen Mädchen, une sorte de *pulp* des années d'après-guerre. Nous nous étions retrouvés au petit matin sur la route et arrêtés à Han-sur-Lesse, dans une auberge de légende, sortie d'un roman de Paul Gadenne, aux lourdes tables vernissées. Petit déjeuner à la belge arrosé de Chimay Bleue. Il y eut une escale à Namur, une nuit à Bruxelles. Un peu de bruit, beaucoup de poésie, une forte alcoolémie.

Au-delà des Ardennes existait une confrérie de lutins de la mélancolie, plus verlainiens que rimbaldiens, aimant le voyage, les sous-bois et les buissons de la paresse. Leur seule école était celle du Chemin, la collection de Gallimard. Un autre poète apparaissait furtivement, un vagabond lui aussi, qui naviguait entre Belgique et Espagne, William Cliff.

> « Quand partons-nous pour le bonheur ? » disait-il en
> répétant la phrase de Charles Baudelaire,
> mais on voyait sous son sourire en même temps
> la pitoyable issue qu'il allait devoir faire.
>
> « Quand partons-nous pour le bonheur ? » Hélas ! celui
> qui inventa ces mots comment a-t-il fini ?
> et nous-mêmes comment finirons-nous la route ?

L'on tourne le dos à ses amis, l'on s'en va
où peut-être jamais l'on ne se reverra,
mais nous avons parlé à travers la déroute

du temps, nous avons échangé tout en buvant
des phrases d'amitié burinées dès longtemps
et que nous répétons malgré cette nuit noire,
comme pour enchanter le temps de notre histoire.

À Paris, rue Corneille, aux Éditions de La Table Ronde où j'occupais des fonctions d'agent de consignation, il m'arrivait de voir aussi Yves Martin en compagnie d'un autre poète, Dominique Joubert, et de mon ami, Joseph, notre chef de fabrication, qui est un peu le chef mécanicien d'une maison d'édition. On se faisait des dîners ensoleillés à La Bastide Odéon. Yves Martin avait été saute-ruisseau, c'est-à-dire clerc de notaire portant les documents comme au temps de Balzac et de maître Derville. Les seuls ruisseaux qu'il appréciait avec la fuite du temps, c'étaient ceux de la poésie qui couraient tous à la mer : « Tout est maritime » chez moi. C'était un poète de l'amour, des chambres, de la féminité lente.

Souvent, pour m'embêter, tu me demandais :
Saurais-tu définir la beauté ?
Je grommelais que ce pouvait être comme un port ensommeillé
Que ne romprait nul chalut et qui attendait, pour à nouveau s'animer,

Le crépitement d'un gosse qui chahute.
Tendres années. Tissées, tramées au point de croix.

La poésie était encore un peu dans les rues de Saint-Germain avant qu'elle ne fût vitrifiée par les échoppes Armani et Gucci. Quand on ferme cafés, théâtres, bars, musées face à un virus chinois, c'est que Paris est une défaite. Le rideau de velours a été remplacé par le rideau de fer. La poésie, c'est l'ouverture, le numérique, le confinement de l'âme. Il faut sauver l'esprit des baladins dans nos temps incertains.

Feuilletant *Le Pêcheur d'eau* de Guy Goffette, je tombe sur des noms de poètes, autant de photos de famille, Karel Jonckheere, Gilles Ortlieb. J'avais une tendresse particulière pour Jonckheere dont le nom nous semblait d'un fol exotisme. Né dans un quartier de pêcheurs à Ostende, il avait navigué à bord des cargos, portait le ciré et des lunettes rondes d'intellectuel ébloui, oscillait entre réalisme et fantastique, fantaisie et hérésie. Il avait un fils né aveugle, voilà qui foudroie un homme. Que peut la poésie quand son enfant ne voit pas. Il avait écrit un recueil qui avait pour titre *Le Quart de minuit*:

Comme le vent me tient toujours éveillé,
Comme durant la première nuit dans le navire à quai
lâche est le toit dont la charpente appuie sur un calme trompeur.
Le cœur ne lui fait plus confiance, et il ne guérira jamais aucun marin.
Car celui qui a navigué en sait plus de la vie et de Dieu.

La poésie en vers, d'Anvers et par l'alcool versé. Comme nous aimions ce port et ses poètes tel Max Elskamp, notre correspondant portuaire, rue Saint-Paul. Les bateaux étaient à quai, alignés comme des baguettes tapant sur le tambour de notre imaginaire. Nous nous accrochions aux comptoirs des bars comme à la lisse salée d'un bastingage :

C'est ta rue Saint-Paul
Celle où tu es né
Un matin de Mai
À la marée haute.

C'est ta rue Saint-Paul,
Blanche comme un pôle,
Dont le vent est l'hôte
Au long de l'année.

Maritime et tienne
De tout un passé,
Chrétienne et païenne
D'hiver et d'été.

À Anvers, nous avions appareillé pour l'Afrique comme avant nous Simon Leys ou Marcel Thiry. À seize ans, mon père, capitaine au long cours, m'avait embarqué à bord du *Fort-Royal* pour rallier les Antilles de mon enfance. Je lisais Baudelaire en édition Garnier-Flammarion. J'étais au bord de la piscine, au-dessus de la plage arrière. À vingt-trois nœuds, nous avions déjà passé les Açores, très au large de Ponta Delgada, fendions un Atlantique de plus en plus bleu outremer :

> Pour n'être pas les esclaves martyrisés du Temps, enivrez-vous ; enivrez-vous sans cesse ! De vin, de poésie ou de vertu, à votre guise.

J'allais lors de ce voyage vivre une expérience baudelairienne en tombant en sidération sur une baigneuse martiniquaise aux yeux verts.

Plus tard, j'avais appareillé pour l'Afrique de l'Ouest avec la poésie de Brauquier que je venais de réunir, à bord du *Repubblica di Roma* qui ferait escale à Dakar, Freetown, Lomé, Cotonou, Tema, Lagos, puis Cotonou, soit 5 021 milles, ports africains encore libres bien que violents et parfois en guerre. Et c'est encore Brauquier qui m'accompagna huit ans plus tard à Djibouti. Comme j'ai aimé ce port avant qu'il ne fût enfermé, tenu par des miradors, géré par Dubaï, investi par les Chinois. Sur le quai des boutres où je déambulais au milieu des marins les yeux rougis par le khat, attendant un embarquement pour Aden. Mer Rouge embrasée au soleil couchant par un ciel de sang, je lisais le *Docker* aux dockers, leur peau noire couverte de flocons de coton tombés des balles trop lourdes qu'ils transportaient sur leur dos comme des équilibristes sur une planche :

> Parce que j'ai laissé ma force entre les mains
> De l'embauche annoncée aux aurores de crimes
> Où les Transat cernaient la gare maritime,
> Je meurs sur le trottoir au milieu des putains.
>
> Quand j'avais remué dans le jour trente tonnes
> Tirées de l'*Australien* ou de l'*Armand-Béhic*
> Quand j'avais entassé les caisses du Trafic
> Sous les hangars géants couchés le long des môles

Les dockers riaient.

Bien évidemment, nous lisions aussi un de ses frères en poésie, autre Belge, Marcel Thiry, ce Belge qui avait eu une vie aventureuse et militaire à travers l'Europe avant de devenir avocat et de reprendre les affaires familiales (forêts et charbon). L'armée, le droit, les voyages, la forêt et la fantaisie.

Nous répétions le premier quatrain de *Toi qui pâlis au nom de Vancouver* comme un mantra :

Toi qui pâlis au nom de Vancouver,
Tu n'as pourtant fait qu'un banal voyage ;
Tu n'as pas vu la Croix du Sud, le vert
Des perroquets ni le soleil sauvage

Tu t'embarquas à bord de maint steamer,
Nul sous-marin ne t'a voulu naufrage ;
Sans grand éclat tu servis sous Stürmer,
Pour déserter tu fus toujours trop sage.

Bien sûr, il est bon de revenir de temps à autre aux piliers de la poésie, Jodel, Claudel. Cette verticalité française, celle des grandes orgues et du cantique de notre âme. Ici pas d'écran, de fumée, de publicité. La poésie se tient debout. S'élève vers le sacré. L'écran est par essence le lieu de la profanation. Le chœur et le cœur sont dans la poésie. C'est pourquoi il faut lire Jean de la Croix jusqu'au dépouillement :

> Ô Flamme d'amour vive
> Qui tendrement blesse
> Mon âme au plus profond centre !
> Puisque maintenant n'es plus tourment
> Achève maintenant si tu veux,
> Déchire la toile de cette douce rencontre.

Au cœur de l'amour et de la flamme de Dieu. Ne se laisser distraire par rien d'autre. Je peux me nourrir que de ces strophes sublimes. Leur lecture chasse le vain et l'inutile, permet de respirer l'essence de la vie.

Matin de Rimbaud me donne la force de relever une journée. Il y a l'invention de la langue tout d'abord comme un entremêlement d'images antiques, sacrées et profanes. Une apparition visuelle alchimisée en mots. L'immobilité appréhendée comme un enfer. Et la libération dans la marche. Le silence car la parole n'est pas le verbe. C'est le mot qui est la puissance de Dieu articulée. Les mots usés de ses prédécesseurs, Rimbaud n'en veut plus. Ils sont morts comme un jour passé et sans gloire. C'est ce qu'il appelle la vieillerie poétique. Le monde est usé. Il lui dit adieu.

> Qu'il vienne, qu'il vienne,
> Le temps dont on s'éprenne

écrira-t-il dans *Chanson de la plus haute tour*. Il se jette dans le vide. Mais un vide infini qui ne se clôt que par la mort.

Casser le moule, dompter une folie intérieure qui est sa vérité. N'est-ce pas le feu et le vœu de chaque génération? C'est bien pour cela que la poésie doit être de nouveau le fer de lance de la jeunesse du siècle.

> Fanfare atroce où je ne trébuche point ! Chevalet féerique ! Hourra pour l'œuvre inouïe et pour le corps merveilleux, pour la première fois ! Cela commença sous les rires des enfants, cela finira par eux.

Pas de jeunesse sans cette *Matinée d'ivresse.*

Voyageons en poésie comme on traverse et aime un pays. Les *Lointains enchantés* chante Alexandre Blok dans son poème *L'Inconnue*. Car l'amour, le voyage et la poésie se confondent dans une même tentation universelle. Les vers sont des fuseaux horaires que l'on traverse jusqu'au plus profond de notre exil intérieur. Grâce à eux, nous sommes différents pays. Il n'y a pas plus plastique, souple que la poésie, c'est le génie même de la métamorphose. Nous sommes en Russie. Blok *again* :

Je veux toujours plonger mes yeux dans le regard des hommes,
Je veux boire du vin et embrasser les femmes,
Et peupler de désirs déchaînés ces soirées
Quand la chaleur du jour empêche de rêver,
Et de chanter ! Et d'écouter le vent du monde.

Descendons la Neva, le Ienisseï. « *Que seule demeure la poésie du Ienisseï* », ordonnait un poète amiral :

Sur les notes des mélodies de Russie
Qui s'élèvent dans le ciel,
Ma nostalgie
S'immole au poignard de l'absence.

Il gèle mais nous voguons. Tout est tonnerre, tout est éclair. Tout est clair.

Cette nuit-là, l'un par l'autre,
Nous sommes devenus fous
Seule brillait pour nous
Une obscurité malveillante.
Les petits canaux parlaient leur langage
Et les œillets sentaient bon l'Asie.

C'est un poème d'Anna Akhmatova. Elle est à Leningrad mais se transporte au Caire et même à Bagdad. Ce voyage, ce rêve est une minute sainte selon le mot d'Anna Akhmatova. Il est enveloppé d'une brume de mystère :

Hallucination : les siècles marchaient
près de nous, à notre rythme.
Une main tapait invisible
sur un tambour.
Les sons, comme des signes secrets,
dansaient devant, dans l'ombre.

Il faut partir avec la poésie comme seul bagage : elle éclaire l'inconnu.

Milosz le clame : « Mais, poète ! comment ne pas aimer l'espace. »

Il est étonnant que la jeunesse ne se révolte pas comme les poètes romantiques contre les gardiens du pouvoir. La langue soulève un peuple et l'asservit aussi quand elle se dégrade et devient injonctive. Les corsaires de la langue, car les poètes sont des corsaires, libèrent du corset de la servitude. On lève la voile comme on lève les mots et soudain la vie se gonfle : elle file sur l'océan.

> Sur les eaux joyeuses de la mer sombre et bleue,
> Notre âme aussi est libre et nos pensées s'envolent ;
> Aussi loin que le vent peut emporter l'écume
> S'étend notre empire ; là est notre demeure !

Mais la poésie n'est pas que cette belle liberté égotiste, cette transgression du voyageur. Byron justement fila la poétique jusqu'à la politique. « La poésie, disait-il, est la lave de l'imagination, dont l'éruption prévient un tremblement de terre. »

Ce séisme, cet éclair, c'est bien le flash au phosphore de la poésie.

Mais la poésie n'est pas qu'éclatement, elle est ce fleuve souterrain baigné par les dieux, qui irrigue la nature et met tout en ordre. C'est le secret, notre plus profonde intimité au contact de la beauté extérieure. Byron :

« Ces lieux, ces moments, quelques fois j'ai tenté de les laisser rayonner dans leur puissance immédiate, plus souvent j'ai cru devoir m'enfoncer en eux pour les comprendre ; et il me semblait descendre en même temps en moi. »

La vie est un pacte secret avec une beauté enfouie, une pureté dont il faut au moins se rapprocher par les mots. La clarté, oui la clarté qui est une forme de divinité. Jaccottet cherche le « scintillement du monde indestructible » dans « les décombres de la vie ».

Sa poésie est aussi celle du fragment, de l'éclat peu à peu sculpté, arrondi, poli jusqu'à l'effacement.

« La lumière du monde n'est pas moins pure qu'au temps des Grecs, mais moins proche, et nos paroles moins limpides. Il est inquiétant de songer à cette évolution. La beauté est chose si mystérieuse qu'elle ne s'épuisera jamais. Résistons donc à l'hiver dans la mesure de nos forces. »

Le soleil, les parfums de la nature, la sensualité chaude, nous y sommes.

Car la poésie même brûlée par le désespoir, c'est l'été de la vie.

> Ce sera l'Été — tôt ou tard.
> Des Dames — avec ombrelles —
> Des Messieurs flânant — avec Cannes —
> Des Fillettes — avec Poupées —
> Coloreront le paysage blême —
> Comme un éclatant Bouquet —

La poésie nous réchauffe et nous apporte de la chaleur dans le cercueil des jours.

Je peux à tout moment filer après les mers slaves vers la chaude Caraïbe.

Pourquoi est-ce que j'imagine la mort de Mandelstam
parmi les cocotiers qui jaunissent

Tout fusionner dans l'éruption volcanique de la montagne Pelée et tout rendre fluide, limpide, (surtout ne rien durcir ni figer) dans la mer des Antilles qui sent la grume et la terre, où tout est suspendu. Choisir un grand voilier de Jean de La Ville de Mirmont comme ceux que peignait Albert Brenet dans les années trente du XXe siècle :

Je me suis embarqué sur un vaisseau qui danse
Et roule bord sur bord et tangue et se balance.
Mes pieds ont oublié la terre et ses chemins ;
Les vagues souples m'ont appris d'autres cadences
Plus belles que les rythmes las des chants humains.

Croquer de la poésie comme de la canne à sucre. Voir le soleil se coucher sur Grande Anse. Le bruit de l'océan et le mouvement des palmiers, ces arbres-poèmes.

Se baigner oui, se baigner, nager, plonger, renaître, c'est cela la poésie. Les poètes sont des nageurs, des *swimmers*, qui vont à contre-courant avant d'atteindre la mer libre. La natation, la traversée figurent de petites épopées. Le poème est ce fanal tenu par Héro afin que son amoureux Léandre traverse le détroit de l'Hellespont. Car s'il y a un mystère et une beauté que l'homme n'a pas réussi à percer, c'est bien la mer et la mort. Chaque nage est ouverture de l'eau. Un miracle comme tout poème l'est aussi. Cette fluidité, c'est la poésie même et l'art des muses.

Le nageur n'est pas le suiveur. Le *follower*. Ni l'influenceur. Cette terminologie révèle bien le *mainstream*, cette masse qui nous écrase et nous écarte de la vie pure. Nous baigner, nager, nous en avons besoin pour renaître. Lutter contre ce bruit, cette fureur. Ne pas être dépossédé de son corps ni de son esprit. Mais embrasser la beauté et la liberté qui nous sont offertes.

Comment ne pas devenir fou est indissociable de la mutation numérique. L'aliénation — mot utilisé par Bernard Stiegler dans son livre *Dans la disruption*. À l'image de la toile de l'araignée qui paralyse sa victime, le numérique anesthésie le cerveau de ses victimes, le coupe du monde réel. Depuis le 11 septembre 2001, le monde est entré dans un nouvel épisode de folie. L'embrasement du terrorisme, de la terre, l'incendie généralisé, l'effondrement de la liberté, la méfiance de l'autre.

Je suis pour la vitesse, celle que l'on réduit sur la route. Car le monde est lent, lourd dans son esthétique. Il faut dévorer la vie, l'intensifier, la démultiplier, mélanger les couleurs mais l'accélération du numérique, c'est la mort.

Ce n'est pas un hasard si l'engouement pour le yoga et les bains de nature, les cures de détox sont les nouvelles thérapies des petits hommes blancs. Moi, je cours, cours tout le temps, chaque jour depuis si longtemps pour écouter les pulsations de la nature et éviter la disruption générale.

Seul moyen de me réunifier, de rassembler tous les morceaux en sachant que j'ai la folie du monde qui me poursuit, qu'elle me colle littéralement aux semelles. Et il ne faut emporter avec soi aucun objet connecté : ni iPhone ni écouteurs. On resterait prisonnier. Il est nécessaire de rompre avec toutes les ondes. Larguez tout ! « RUN TO FLY » sont les lettres imprimées sur mes chaussures de course. Slogan de la globalisation, symbole de la fabrication chinoise délocalisée. Refuser la folie du monde est un vrai combat, comme ceux qu'aimait mener l'écrivain Norman Mailer. On ne fuit pas le monde. Nous sommes un petit maillon de la communauté des hommes. C'est bien cette appartenance qui nous fait dénoncer la cyber-folie. Céder à son smartphone, c'est refuser de regarder en face la beauté du monde mais aussi sa tragédie.

La solitude nous était interdite ; du moins menacée, empêchée. Ce dont l'homme a besoin comme d'une respiration : se retrouver pour écouter le silence et son âme. Car la chaîne du numérique nous plonge dans le bruit. La contemplation est son ennemie. Le numérique est l'ennemi de la nature, du bois, de l'eau, de la pierre. De la vie simple et bonne. Elle brise l'harmonie. Elle crée la disruption, l'éruption.

« Fuis dans ta solitude, mon ami ! Je te vois assourdi par le bruit des grands hommes et déchiré par les aiguillons des petits » (Nietzsche).

On est passé de l'humour, de l'esprit corsaire et corrosif à une nouvelle censure. Elle s'explique par la touche *cancel, effacer.* Destruction de la mémoire et de l'humour sont deux phénomènes profondément liés. L'écran impose une société de contrôle révisionniste. Terreur et épuration contre insolence et modération. Le numérique s'oppose à la mémoire argentique. Le spontanéisme remplace tout esprit relatif. Pourquoi se souvenir ? Il ne s'agit pas de vivre selon le *hic et nunc* du *quodam die, quodam vita* des anciens, cette épiphanie des jours, mais de dénoncer un passé nécessairement obscurantiste. Acculturation et assignation. L'asservissement général s'accompagne toujours d'un effondrement général. Grossièreté du trait. Lourdeur de la pensée. Disparition de la politesse.

« Bizarrement, la courtoisie est un souci très démocratique puisqu'elle inclut l'égalité : qu'on ne jouisse pas de quelque chose sans en faire partager l'autre » (Françoise Sagan).

Revenons à l'esprit français, celui de la conversation de Mme de Rambouillet, de la duchesse de Longueville et de la plus grande Mme de Sévigné. Dans ses lettres, « l'agréable, le badin et le sérieux y sont admirables », disait son cousin Bussy-Rabutin. Dieu sait si la perfidie et les moqueries portaient la vie de la cour mais, dans la France du XVIIe et celle du XVIIIe, cette joie de la conversation, de la poésie et cet humour faisaient l'essence de la civilisation. Malgré le goût de l'étiquette et des armes, une insolence rapicolante repoussait la lourdeur. Sens du panache, du duel, de l'aventure. *Remember* les *Mémoires* du cardinal de Retz.

On ne peut pas considérer La Rochefoucauld et Mme de Sablé comme de petits aristos à qui on va couper la tête. Mme de Sablé avait créé un « bureau d'esprit ». Mais cet esprit du XVIIe, celui aussi de La Fontaine, de la fluidité, du ruisseau qui va vite, de l'émerveillement a disparu. « Et puisque souvent nous avons pensé crever de rire ensemble… », écrivait Mme de Sévigné à Pierre

Lenet, conseiller d'État. Corneille, Racine, la tragédie française, l'humour fantasque de Molière qui détruit à la poudre nos comédies et caricatures sociales. Cette lucidité sur l'âme humaine, mais aussi cette esthétique de diamant de la phrase.

Cet esprit de la conversation ne peut être vif que s'il est précédé ou suivi d'un retrait du monde. Or, le numérique est le plus sûr adversaire de la solitude. Cette solitude qui nous permet de ralentir le temps, de nous ennuyer, de nous bronzer l'âme. Le XVIIe siècle fut aussi celui des grands solitaires. À chaque époque, des esprits tentent de fuir le bruit de leur siècle. Et chaque siècle a sa fureur sonore.

Tout siècle a besoin de divinités. Il s'agit de savoir à quels dieux on veut se soumettre. C'est la signature d'un siècle, d'un peuple, d'une grandeur ou d'une disparition. Nous pourrons remarquer que la consommation est l'ennemie de la solitude : elle a dévoré la religion chrétienne en quelques siècles.

Les écrans foisonnent, l'esprit disparaît. Nos âmes, n'en parlons pas. Cela fait longtemps que le sujet est évacué.

Qu'avons-nous fait des grands siècles français? L'esprit alors allait vite. Aujourd'hui happé par les écrans, éclaté, il est incapable de se poser. Que signifient les mots *morale* et *grandeur*? Cette tentation de l'élévation vers l'absolu. La verticalité de Dieu et du Soleil a été engloutie par l'horizontalité des écrans.

Magnifique époque de la réduction du temps de travail, qui combat l'oisiveté et la méditation, tout retrait radical de la société étant considéré comme un désaveu du monde tel qu'il va. La contemplation aiguise la curiosité, nous rend disponibles au magnifique hasard, nous apprend à mieux voir et écouter. Car nous ne savons plus regarder et entendre. « La liberté et l'oisiveté qui sont mes maîtresses qualités » (Montaigne). Descendre profondément bas pour monter vers les sommets.

L'injonction à répondre à tous ces SMS, courriels, sinon se dresse le peloton d'exécution de la vie sociale. Les objets technologiques noirs sont les fourches de la grande dépression. Et pourtant comme le noir est beau, majestueux, lumineux, dans un tableau de Soulages.

Ce n'est pas du passé qu'il faut être nostalgique, c'est le présent qui nous est enlevé par les écrans. La grâce du vent qui se lève et de la lumière.

Et pourtant, il faut vivre vite, dans l'urgence, ne pas perdre de temps et ne point le brûler devant les écrans. Pour que chaque jour soit incandescence, tempête ou plein soleil même si le rythme est épuisant. La vraie vie est à la fois frugalité et gourmandise. Bien sûr, grâce au numérique, nous pouvons dessiner, *photoshoper*, *instagrammer*, expérimenter de nouveaux champs comme aimaient le faire les surréalistes. Mais la différence est que derrière cette technologie se tapissent un pouvoir économique et politique à l'œuvre, une idéologie et un totalitarisme. Les écrans et les réseaux sociaux ont déformé la pensée dont l'une des colonnes est la raison. La raison, c'est la clarté. Comment juger sans se tromper. « Ce n'est pas assez d'avoir l'esprit bon, affirme Descartes, mais le principal est de l'appliquer bien. »

On notera que les libertés ont été resserrées au temps des écrans. Traque, traçage, surveillance généralisée post-11 septembre 2001. *Windows of the World* était le nom du restaurant au sommet de la tour nord du *World Trade Center*. Les fenêtres sur le monde ont laissé place aux écrans sur le monde pour une surveillance intégrale. On a multiplié les chartes de droit, on a étranglé les libertés. G comme génération.

Nos téléphones intelligents, si lisses, au design séduisant, ont tant d'applications pour nous séduire : le *New World* est dans notre main. Nous pouvons filmer nos vies éphémères, nous connecter, communiquer, acheter. Nous croyons être au cœur des choses. Nos petits cercueils s'animent, vibrent, s'illuminent et peu à peu encadrent nos vies, les cadencent, récoltent à leur sujet des milliers d'informations qui permettent de plonger au plus intime de nous-mêmes, de dresser notre profil, d'alimenter la consommation mondiale. La critique de la numérisation du monde est déjà caduque.

Nous ne pouvons pas utiliser la technologie en toute impunité. Les téléphones intelligents sont des Tamagotchi, ces créatures de plus en plus vivantes au fur et à mesure que nous devenons moribonds. Il faut les nourrir en permanence. Sinon, elles se rebellent. Elles nous divertissent dans un premier temps, nous asservissent, puis nous sautent à la gorge. Créatures kamikazes, elles visent à nous aliéner, nous attacher au grand cycle consumériste, la religion universelle. Quand ces petits satans expirent, ils deviennent blêmes, verdâtres, comme tout moribond bientôt réduit à l'état de cadavre froid et dur. Et nous crions au désespoir de perdre un être aimé.

Nous sommes désormais menottés à nos tablettes, dépendants d'elles pour nous repérer. Nous ne savons plus lire une carte routière ou géographique puisque notre machine nous oriente. La technologie nous détermine et décide à notre place.

Nous sommes des égarés du *Cloud*. Un crayon, une carte papier et c'était l'aventure. Pas de *global positioning system*. Le numérique met fin à l'esprit d'aventure.

Insectes lumineux pris dans la toile, nous continuons à enrouler la corde autour de nos corps jusqu'à devenir des momies technologiques.

Les Anglais donnent un nom à la pathologie liée à l'angoisse d'être séparé de son smartphone : la nomophobie. Elle entraîne une accélération de la pression cardiaque et sanguine. Quand elles sont greffées à nous, les tablettes noires génèrent stress et agression. Sans elles, l'amputation.

Il n'y a pas une pensée, une phrase qui ne soit abaissée, vulgarisée quand elle est énoncée sur Twitter. La hache coupe la tête du canard qui déambule dans l'agora mondialisée, le marché aux bestiaux médiatiques. À la diagonale du fou qui désormais est le clash, préférer la logique stoïque de la tour ou l'offensive princière du cavalier.

Ce ne sont pas les plus faibles, les plus démunis, les plus pauvres qui enfourchent l'oiseau de malheur. Ce n'est pas une parole libérée de l'oppression des élites qui surgit au coin du bois. Ce sont les eaux sales et les passions mortifères de l'informité. Le fond de cuve de l'âme humaine.

Les réseaux sociaux ne sont pas qu'une perte de temps mais aussi un meurtre du temps. Il s'agit de tuer l'écoulement naturel des jours pour être transposé dans l'incendie virtuel.

Les écrans bouleversent notre rapport avec le corps. Nous avons des centaines de contacts dans notre téléphone portable, des amis que nous ne connaissons pas sur Facebook mais nous ne savons plus parler avec les uns et les autres, prendre le temps de la conversation. Tout est à distance, tout est froid. Il n'y a plus de feu autour duquel se serrer. Les corps sont statiques devant les écrans pareils à ceux des aiguilleurs du ciel. La sédentarité accroît la mauvaise graisse. Le mouvement est l'élan naturel des loups maigres. Le narcissisme pantouflard, voilà la nouvelle tendance mondialisée.

Les écrans sont une longue adolescence molle qui tue l'esprit d'enfance. C'est la glandouille et l'excitation boutonneuse. Regarder les écrans relève de la masturbation voyeuriste. L'amour physique évoque le duel de deux épées. Il faut opposer le physique au virtuel, réapprivoiser la gravité des corps.

Peut-on imaginer Cioran devant un écran? Il en aurait ri jusqu'à l'étranglement. Car Internet, c'est la foule qui réagit, châtie. Quelque chose qui rappelle les lynchages populaires. Internet, c'est la glorification du moi infantile et régressif et l'arborescence du délire collectif.

Hartmut Rosa a démontré dans *Accélération*, son essai sur le temps et la modernité, combien les stimuli des écrans accroissaient l'agressivité. Ce sont des boucliers offensifs, des béliers numériques qui parviennent à mettre à bas nos défenses psychiques et morales. Rosa privilégie le concept de résonance, le temps long qui provoque chez nous un écho créatif.

Livebox, Freebox... Ces nouveaux appareils occupent la place du foyer familial. Nous dansons autour de ces boîtes magiques comme les Africains devant le feu ou comme les Romains s'inclinant devant les mânes et les lares. Ce sont elles, apparemment silencieuses, qui désormais rythment nos vies. Phares dans notre nuit de plus en plus épaisse car nous traversons une époque de confusion extrême, lumières orange et rouges clignotantes signalant les récifs du naufrage assuré.

Écran comme enfer. Il n'y en a pas d'utilisation modérée. C'est l'*hubris*, la violence; tout sauf l'école de la mesure, de la tempérance. On s'étonne qu'Internet, zone du non-droit, océan bleu dans ses apparences et noir dans ses profondeurs, soit le premier recruteur de terroristes. Il y a une imposture des écrans comme dans toute idéologie. On crie à l'émancipation, à la démocratie pour tous, à la liberté d'expression. Internet, gigantesque supermarché du libéralisme. On peut tout mettre dans le caddie. C'est le dernier cycle avant l'effondrement.

Les écrans épuisent la démocratie pour mieux l'effacer et la remplacer par une dictature *soft* et dans un deuxième temps *hard*.

Les inventions mondiales des geeks sont récupérées par des fondamentalistes qui décapitent des innocents : leurs crimes seront amplifiés par YouTube. C'est donc à qui se montrera le plus violent. Les réseaux sociaux si cordiaux (*like/smiley*) n'ont fait qu'accélérer la représentation de la barbarie. Le propre d'une civilisation raffinée est la retenue. On a cru libérer la démocratie en ouvrant les vannes des réseaux sociaux. Mais ils sont aussi la folie la plus moderne, l'étincelle qui transforme un homme « ordinaire » en barbare. Les écrans sont cette étincelle qui embrase tout. La conscience devient inconsciente si elle s'adonne avec excès aux écrans. Et les Occidentaux par millions se délectent des vidéos des islamistes fanatiques qui égorgent ou envoient des messages de menace. Internet, nouvel instrument libertaire, désormais l'arme la plus efficace des sanguinaires.

Le siècle avait à peine quinze ans. Des djihadistes ivres de religion et de haine rafalèrent les dessinateurs et journalistes de l'hebdomadaire satirique *Charlie Hebdo* dont les seules armes étaient le papier et le crayon. « L'humour est l'arme des hommes désarmés », écrivait Gary. La France se leva et marcha contre cette barbarie, fille des réseaux sociaux et d'Internet. Partout, tels des poings, des fanions ou des sculptures, des crayons de bois parfois de couleur furent brandis comme des lumières contre la nuit. On vit même des arbres taillés en forme de crayons. Ainsi l'écrit et le dessin résistèrent aux *fatwas* des fous d'Allah. La liberté d'expression contre les prisons des intégristes. La pulsion de mort de la technologie contre la pulsion de vie de l'écrit, du dessin, de la main.

Désormais, les attentats sont dans les annales de l'histoire puisque jugés. L'oubli est le meurtre de nos civilisations. Mais c'est toujours sur les réseaux sociaux que les terroristes postent la vidéo de leur crime et la revendication de leur ignominie. L'horreur de la caricature, ce n'est pas *Charlie,* mais bien les vidéos virales.

Dans le même temps, hommes et femmes bien nourris du libéralisme, enfants de l'Organisation mondiale du commerce, nous avons sombré dans la dépression. Notre cerveau et notre corps n'ont pas suivi : ils ne sont plus en harmonie avec les tensions et le mouvement de l'économie. Rupture, fêlure, antidépresseurs formant à leur tour un secteur vital de l'économie libérale.

L'essentiel est l'accélération et l'obsolescence de tout. Jamais dans l'histoire de l'humanité des biens marchands comme les biens numériques n'ont été renouvelés aussi rapidement. Chaque année il en sort une nouvelle version. L'ancienne panoplie part à la poubelle. Le lancement est une messe mondiale où le nouvel objet est « dévoilé ». C'est une révélation. La descente sur terre du messie, celui qui va sauver l'humanité en nous accordant tous, c'est-à-dire en faisant du nouveau-né le plus grand dénominateur commun. Amérique, Europe, Asie, Afrique. Il s'agit que nous nous prosternions devant la nouvelle divinité, popstar servie par ses prêtres cools qui ne ressemblent surtout pas aux images reçues du capitaliste industriel en cravate.

Prochaine étape : la mutation technologique de l'homme, la greffe dont la *google glass*, qualifiée par le linguiste Noam Chomsky d'« outil de destruction de l'humain », est la première manifestation. Non seulement nous devenons alors individuellement de petits « big brothers », mais ces implants technologiques ont bien pour but de transformer l'homme afin qu'il devienne le bras articulé de Google. Derrière chaque évolution numérique se cachent des empires capitalistiques qui ont accumulé des fortunes au rythme des algorithmes, veulent se substituer, en outre, aux États, aux politiques. Devenir l'unique puissance mondiale sans frontières.

Le propre de l'homme est de ne tirer aucune leçon du passé. Nous multiplions les destructions, les guerres, les génocides en ayant à notre portée une somme de connaissances toujours un peu plus massive. Nous avons succombé à la philosophie des Lumières, pensé que les lois nous permettraient de vivre dans une société plus juste, que la science serait le plus sûr rempart contre l'obscurantisme des religions. D'une façon paroxystique, la folie du capitalisme a engendré des fanatismes religieux, de multiples feux aujourd'hui impossibles à éteindre. Qui sont au bout du compte les profanateurs, les marchands du temple, les fous ?

Les écrans ont amené une nouvelle forme de guerre. Guerres de communication mais aussi guerres des économies et des civilisations.

Selon le penseur Jacques Ellul, le phénomène technicien s'accompagne d'un changement de structures dans nos sociétés. Il faut désormais décrire les conditions aberrantes du nouveau monde. Le grand écart entre le polissage d'apparence et l'horreur des profondeurs. Nous vivons une rupture encore plus importante que la chute de l'Empire romain d'Occident ou les Grandes Découvertes. Et nous tournons la page de cet humanisme qui, depuis l'Antiquité, le Moyen Âge et la Renaissance, a été notre ligne d'horizon.

Surfer sur Internet signifie qu'il faut prendre la vague des tendances de la mode. Un commandement suprême exige que nous acceptions le courant de la majorité, le fameux *mainstream*. Cette culture des tubes. Chaque jour le Moloch nous envoie des messages publicitaires, établis selon notre profil de consommateur. Jamais de repos, de pause. Surtout ne pas arrêter la dévastation du monde.

Il convient de paraître occupé. Montrer ainsi que nous appartenons à cette nouvelle élite débordée, pressurée par le travail. Montrer que nous ne sommes pas des exclus mais des connectés de la connivence. Le nombre d'heures consacrées chaque jour à répondre à ces mails avec leurs formules balourdes ou leurs acronymes, signes de la barbarie *high-tech*. « Bonjour » a remplacé le « cher » ou « chère » qui ouvrait autrefois toute lettre manuscrite. *Cdt* pour cordialement. La connexion ensemble, quelle horreur ! Le relèvement des courriels est devenu le premier acte de l'homme connecté alors que nous devrions relever le filet de la pêche en haute mer. Voilà nos ablutions contemporaines. Éliminer les spams, les indésirables, répondre : la corvée de chiottes moderne du biffin global.

La numérisation de la planète s'est accompagnée d'une vitrification des villes. Autrefois fascinantes, riches d'électricité, d'intuitions poétiques, de portes multiples, elles sont devenues des espaces franchisés au rouleau de la rentabilité.

Rien ne serait plus pathétique que de jouer les néo-situationnistes, les révolutionnaires voulant saboter la société du spectacle avec des pétards mouillés. Il s'agit de contempler les villes. De se poser, de les regarder de biais. Les villes si belles vues des toits, quand des plaines de zinc s'étendent dans le soleil rougeoyant. Cités qui ressemblent à des champs après la bataille. Avec Apollinaire, nous aimerions écrire que nous sommes « las du monde ancien » :

> Ô ville comme un cœur tu es déraisonnable.
> Contre ma paume j'ai senti les battements
> De la ville et du cœur ; de la ville imprenable
> Et de mon cœur surpris de vie, énormément.

Ces villes où la folie est entrée dans les murs. Apollinaire, toujours :

Aujourd'hui tu marches dans Paris les femmes sont ensanglantées
C'était et je voudrais ne pas m'en souvenir c'était au déclin de la beauté.

Le premier poète que j'ai rencontré : Philippe Soupault. J'avais vingt-trois ans. Avec mon ami JR, nous allions à la rencontre des derniers insoumis du surréalisme. Soupault vivait dans une maison de retraite (on ne disait pas encore EHPAD) à Auteuil. Il nous avait reçus à son bureau. Il fumait cigarette sur cigarette, de longues américaines, péché qui lui avait notamment valu en novembre 1926 un procès pour « désistement » présidé par André Breton. Dans un entretien pour le coup surréaliste où l'on avait voulu mimer comme de jeunes arrogants un interrogatoire de police, il nous avait avoué : « Je suis un poète et un raté. J'aurais aimé être botaniste. » Dans la foulée, nous avions rencontré René Hilsum, le fondateur des Éditions du Sans Pareil, l'éditeur en 1919 des *Champs magnétiques*, écrit avec Breton.

Nous faisions nos débuts à *La Nouvelle Revue de Paris*, dirigée par Michel Bulteau, poète rocker catholique, amoureux du Bourbonnais, qui avait fréquenté la *wild side* new-yorkaise, Lou Reed,

Warhol et la chanteuse Debby Harry du groupe Blondie. Il était l'auteur du *Manifeste électrique* salué au début des années 70 par Aragon. Il était devenu notre ami. Il publiait de jeunes écrivains fiévreux, comme Vincent Villedieu, qui oscillaient entre Lautréamont, Crevel et Vaché. Il révéla un poète qui venait à la revue avec des sacs en plastique, l'auteur des *Derniers Temps* :

> Il y aura la mort tu le sais mon amour.
> Il y aura le malheur et les tout derniers jours.
> On n'oublie jamais rien, les mots et les visages
> Flottent joyeusement jusqu'au dernier rivage.
> Il y aura le regret, puis un sommeil très lourd.

Il s'agissait de Michel Houellebecq. Un soir d'été, Michel Bulteau et moi sonnâmes chez lui, près du jardin du Luxembourg enveloppé d'une lumière de champagne rosé. Il nous ouvrit le visage recouvert de plâtre. Il ravalait les murs de son appartement en écoutant Iggy Pop. Son humeur n'était pas au beau fixe. Je crois me souvenir qu'il voulait en finir. Nous l'emmenâmes dîner dans un restaurant macrobiotique dont Michel Bulteau était un assidu. C'était le Paris illuminé des années 80.

Nous sommes prisonniers de la ville. Circulation encadrée, caméras de surveillance, police, vigiles, digicodes, sas de sécurité. Nous avons le droit d'être transportés mais toute dérive est interdite au nom de l'ordre public. Or, les villes sont magnifiques quand on peut s'adonner à l'errance, l'ivresse, la déambulation. Quand nous sommes fluides comme les rivières qui glissent entre les vieilles pierres. Le vagabondage apprend mieux à comprendre le vivant que cet humanisme béatifiant devenu lui aussi une sous-morale commerciale pour dédouaner notre mauvaise conscience. Plongeons dans la contradiction et l'épaisseur de la pâte humaine.

Souvenons-nous de ce poème de Lucien Becker. Il résonne comme une mise en garde.

> Il me faut aller vite dans tous les sens
> parce que partout autour de moi
> des femmes qui vont mourir se donnent
> à des hommes dont la mort est pour demain.
>
> Je dépense sans compter l'or de l'amour,
> je goûte à ton corps comme à un verre
> dont je n'ai pas le temps d'achever le contenu
> parce que j'ai la main de la mort sur la gorge.

Quel monde voulons-nous servir ? Transportés vers des entreprises où se prostituent la transparence, l'éthique, les chartes, les ressources humaines, nous sommes accrochés à nos smartphones comme à des crucifix, vivons cloués comme des sourds à notre bureau, avec des questions vertigineuses puisqu'il n'y a plus personne à qui parler autour de nous. Nos clones cliquent sur la souris de leur ordinateur, fracassés contre leur écran. Que ne ferions-nous pas pour conserver notre job dans ces parallélépipèdes de verre et d'acier, bureaux *open space* où la transparence est devenue l'obscurantisme des temps modernes. Surtout, ne pas être exclu de la course, du plastique et du synthétique.

En une génération, le monde financier a pompé notre énergie vitale. Les visages et les corps sont ravagés, laminés, à l'abandon. Il suffit de quelques années pour que la structure du travail détruise un être humain à coups d'écran d'ordinateur, de tableaux *Excel*. Les directions financières et leurs statistiques affligeantes, leurs camemberts de couleur, leurs graphiques meurtriers. Combien de morts par ligne comptable ? Et nous devrions nous montrer cools, zen, sympas.

« Le mal, c'est le rythme des autres » (Michaux).

Contrairement à la guerre où peuvent apparaître grandeur et bravoure, noblesse et dépassement, les directions financières ont transformé l'entreprise en camp de la mort. Plus les chiffres ont accru leur emprise sur le monde, mais aussi le marketing, l'aliénation commerciale, la finance à tous crins, plus le monde s'est épuisé, a perdu de sa beauté et de sa poésie.

À cette horreur des tableaux *Excel* se sont ajoutés hypocritement des principes de préservation et de précaution. Nous vivons de moins en moins bien, mais nous devons vivre de plus en plus nombreux et de plus en plus longtemps. Mais comment avancer sans prendre de risques ? On ne nous a jamais autant vendu « le bien-être collectif », « le vivre ensemble » alors que les individus n'ont jamais été aussi abattus.

Nous croyons être de plus en plus mobiles mais nous sommes des boules de billard dans la toile de la consommation, prisonniers, reliés, suivis en permanence par les centrales de renseignement. À peine avons-nous posé un pied aux antipodes que nous recevons un message de bienvenue de l'opérateur téléphonique local. Il faut donc désobéir au sens où l'entendait Thoreau, civilement et aussi commercialement, rompre les communications pour mieux vagabonder et renouer avec la liberté qui ne se cueille pas sur les écrans. La liberté et la beauté sont l'esprit de l'enfant et du vagabond.

Les écrans de télévision, les chaînes mondialisées par satellite ne mettent jamais en avant le beau. Le mal fait vendre et exploser les audiences. L'écran n'est pas un voyage. Il est justement l'obstacle à l'humanité parce qu'il rend désabusé le spectateur et lui afflige en rafales guerres, famines, crises économiques, faits divers. Ce n'est pas le réel que les écrans montrent — car la réalité aussi dure soit-elle est vivante —, mais son avatar.

« La poésie est le véritable réel absolu. C'est là le nœud de ma philosophie. Plus il y a de poésie, plus il y a de vérité » (Novalis).

Le hasard est le vrai destin. Il n'y en a pas d'autre. Nous croyons choisir, décider alors que tout est écrit. Seul le vagabondage donne un sens à nos vies, c'est le merveilleux des rencontres et de l'inconnu. L'étonnement ! Pas ces connexions mercantiles, toute cette non-vie charriée par les sites qui vous imposent l'amour d'après votre niveau d'études, de revenus. Un monde dans lequel nous nous choisirons selon des critères sélectifs, raciaux, sociaux.

A-t-on compris qu'Internet organise un nouvel apartheid? Les Noirs avec les Noirs, les Blancs avec les Blancs, les diplômés avec les diplômés, les riches avec les riches. Ce cloisonnement est une ségrégation, une fragmentation et donc une mort par procuration. La Toile n'est pas un espace de liberté et libertaire. Jamais un seul dictateur n'eut dans sa main autant d'individus et n'aurait imaginé entrer ainsi dans la conscience des individus, leur intimité, leurs fantasmes, la part dérobée d'eux-mêmes.

Il y a en ville des lieux de silence : les églises. Il convient de plonger dans la fraîcheur de la pénombre pour comprendre ce que nous sommes, la dérision de nos vies dépourvues de toute spiritualité, la vanité de nos actes. Ce contraste entre le bruit du dehors, la locomotion inutile et absurde qui envahit nos rues et cette quiétude naturelle qui permet le recueillement. Les églises nous dominent, nous élèvent aussi, nous en sortons un peu moins bêtes.

Soudain, tout se pose et se repose comme une évidence. Nous pouvons penser à la naissance, devant les fonts baptismaux, à la mort devant le Christ crucifié. Sous nos pieds, les dalles ont été polies par le temps et les croyants. Et, en dessous, les morts. Plus de bavardage. Il y a le sauveur, le Christ, les statues de la Vierge et de l'Enfant. Nous venons de là, de cette culture, de cet inconscient, de cette beauté. Le silence et la fraîcheur des églises nous lavent non pas de nos péchés, mais de la crasse matérialiste.

Nous avons beau nous déchristianiser, ne plus baptiser nos enfants, repousser la prétendue obscurité de la religion pour la lumière du progrès, nous devenons un peu plus esclaves du matérialisme cybernétique dont nous abusons parce qu'il nous donne l'illusion d'évacuer notre propre fin. Nous croyons pouvoir nous conduire en impies, rejetant toutes les spiritualités : conduite fatale ! Les mythes ont toujours raison. Et la vie se charge de briser notre orgueil et notre vanité. Nous nous sommes éloignés des églises car la vie moderne et urbaine nous fascinait. Nous avons oublié le son des cloches, ce martellement des heures qui nous rappelle pourtant la terrible fuite du temps. Nous avons évacué les grandes ombres des tours et des clochers en pensant que les biens matériels repousseraient la mort. Nous avons voulu échapper au péché et à la culpabilité — ces lieux communs — pour profiter de la vie. Mais nous avons oublié aussi la joie du Christ et de l'église. Pis, nous consommons psychotropes et tranquillisants. Nous ne comprenons plus rien au grand mystère. En abandonnant les églises, nous avons aussi tourné le dos à la beauté, celle qui illumine la peinture et la musique. Supprimez le sacré, Michel-Ange et Mozart n'existent plus.

Empruntons le chemin des cimetières chassés des villes. Les morts avec les morts, et surtout qu'ils ne viennent pas déranger les vivants dans leur flot consumériste. La grande surface, le *corner shop* finissent toujours par prendre le dessus sur nos cimetières. Et pourtant, dans le fracas et ce rythme qui nous transporte un peu plus vite vers la mort, le grand calme se niche aussi dans les cimetières. Il faut méditer devant ces prénoms et ces noms, ces années de naissance et de mort, terrible précipité de nos vies. Ces os, cette poussière ont aimé, frémi, tremblé. Ils ont été des sourires, des baisers, des promesses, des printemps et il n'en reste plus rien. Ce n'est pas mortifère d'avoir nos habitudes dans les cimetières. Combien les dialogues avec nos morts nous permettent de comprendre que nous appartenons à cette humanité, à cette longue chaîne. Nous croyons être singuliers, imposer notre ego au monde et finissons dans le reposoir commun. Qu'ils sont vivants, les morts, comme ils nous portent pour apprécier justement le miracle de la lumière et de l'air qui nous caresse. Comme ils nous rappellent que nous devons profiter non seulement de l'instant, mais ne pas le gâcher, l'intensifier, le rendre miraculeux. Ne pas l'abandonner aux autres. Prendre conscience de la grâce. Se promener dans le jardin des morts, ce n'est pas se complaire, se réjouir du châtiment final, penser que tout est vain et vanité puisque nous rejoindrons bientôt les ténèbres mais au contraire être dans la lumière.

Avec la folie technologique, nous avons fini par détruire la mythologie du temps. Ce temps qui est la grâce et nous fait défaut. La poésie, ce n'est rien d'autre que de hisser l'instant, de lui donner le souffle qui lui permet de s'alléger et de nous accorder un peu d'éternité. D'oublier l'époque, l'atrocité du monde pour s'élever vers l'enchantement, cette ligne pure qui relie le cœur des hommes malgré l'apparence des corps : « Ces jours d'azur et ce soleil de l'enfance » (Antonio Machado).

La poésie est la parole des dieux que l'on entend au fond de soi. *Voix* de Cavafy :

Voix sublimes et bien-aimées
de ceux qui sont morts, ou de ceux
qui sont perdus pour nous comme s'ils étaient morts.

Parfois, elles nous parlent en rêve ;
Parfois, dans la pensée, le cerveau les entend.

Et avec elles résonnent, pour un instant,
Les accents de la première poésie de notre vie —
Comme une musique qui s'éteint, au loin, dans la nuit.

Connaissez-vous Georges Perros qui savait trouver le miracle dans les jours ordinaires ?

> Si l'enfance a pris du temps
> à trouver place en moi je pense
> voilà qui est fait...
> Tout m'émeut comme si j'allais
> disparaître dans le moment.

Perros, phare de l'amitié, gardien de nos morts du cimetière de Tréboul, de la plage des Dames à Douarnenez. Cet homme qui portait au fond de lui le deuil de son jumeau, de l'enfance, de l'innocence. Lui qui considérait la vie du point de vue de ses mansardes comme un voyage « sordide et merveilleux ».

Cet amoureux qui n'aurait plus l'amour de son frère : « Le drame de l'homme, c'est l'amour. C'est parce que nous pouvons aimer que nous sommes si malheureux et pauvres. » Ce grand pudique pour qui les femmes formaient des îles à la dérive, un continent disloqué au cœur de sa vie-œuvre.

Que fallait-il faire de cette détresse? Fuir pour ne pas se tuer, se rapprocher et s'enfermer dans des greniers au bord de la mer. La liberté, l'oisiveté, Perros avait dépassé tout cela. « Les hommes, comme la plupart des animaux, préfèrent la cage à la jungle. Il n'est pas nécessaire de les dompter. Ils ne demandent pas mieux, uniquement pour pouvoir, une fois enfermés, hurler de détresse, souhaiter la liberté. »

Qui lit Perros aujourd'hui? Paul Valéry du cimetière de Sète lui répond tel un phare dans la nuit :

Ce toit tranquille, où marchent des colombes,
Entre les pins palpite, entre les tombes.

Marchons avec François Villon :

> Dites-moi où, n'en quel pays
> Est Flora la belle Romaine,
> Archipiades ne Thaïs
> Qui fut sa cousine germaine ;
> Écho, parlant quand bruit on mène
> Dessus rivière ou sus étang,
> Qui beauté ot trop plus qu'humaine ?
> Mais où sont les neiges d'antan ?

Cette poésie médiévale vous semble appartenir aux ténèbres. Mais non, voyons, c'est une époque de lumière et nous sommes peut-être dans les ténèbres de Twitter, Google, Amazon, Apple. Un poème de Baudelaire sera toujours plus beau et fort que le nouvel iPhone. Plus solitaire certes, il fait songer au roseau léger, fragile qui ne plie pas. Mais si aérien comme un nuage dominant la lourdeur terrienne.

Un poème ressemble à une tige de bambou, à une aquarelle de Za Wou-Ki. Il permet d'avancer sur les chemins et sert d'arme de combat. Il donne à celui qui le tient une énergie de fer. Sa surface est polie par le temps. Il a des attaches régulières qui évoquent des anneaux d'or. Une tige de bambou invite à méditer sur l'infini, à se concentrer sur soi et la nature environnante. C'est un exercice spirituel et physique à lui tout seul, un voyage. Il caresse, lave des affronts, remet droit. Qu'est-ce qu'un haïku sinon un bambou ?

Pour entendre le coucou
j'ai embaumé mes oreilles
d'encens purificateur.

(Bashô.)

La poésie est une convocation au banquet de la vie. La Fontaine : « L'onde était transparente ainsi qu'aux beaux jours. » Comme le voyage, la poésie rallonge le temps. La Fontaine encore : « faire usage du temps et de l'oisiveté ».

Aller à Château-Thierry déambuler dans sa maison, respirer les bords de la Marne, comprendre que la lumière est celle du champagne qui inonda son enfance. Ce n'est pas un hasard si Dom Pérignon qui donna au vin son effervescence fut contemporain de La Fontaine.

> J'aime le jeu, l'amour, les livres, la musique,
> La ville et la campagne, enfin tout ; il n'est rien
> Qui ne me soit souverain bien,
> Jusqu'au sombre plaisir d'un cœur mélancolique.

Bien sûr, c'était un lecteur, un homme de la conversation parisienne mais son émerveillement eut pour origine les cours d'eau, les bois où s'épanouirent les amours d'enfance. Chut ! Plus un bruit, écoutons le déchirement de l'amour et de la tentation de l'ailleurs dans *Les Deux Pigeons*.

J'ai quelquefois aimé : je n'aurais pas alors
Contre le Louvre et ses trésors,
Contre le firmament et sa voûte céleste,
Changé les bois, changé les lieux
Honorés par les pas, éclairés par les yeux
De l'aimable et jeune Bergère
Pour qui, sous le fils de Cythère,
Je servis, engagé par mes premiers serments.
Hélas ! Quand reviendront de semblables moments ?

Cet attachement à la nature, cette extase de l'instant sublime font la poésie. Nous oublions de vivre, nous disent La Fontaine et les grands poètes. La grâce des amours dans leur courbe qui s'offre à nos mains avant que le temps ne détruise tout. Le temps transforme la beauté en laideur, la noblesse des sentiments en aigreur et nos soleils en tas de cendre. Profitons de la belle paresse.

— Hâte-toi mon ami, tu n'as pas tant à vivre.
Je te rebats ce mot, car il vaut tout un livre :
Jouis.

Le jeu, l'amour, les livres, la musique, la ville, la campagne, points d'accroche d'un bonheur virtuose. Au fil de l'âge, nous les perdons de vue. Ce n'est rien, c'est tout. N'oublions pas le grand enchantement au risque de mourir plus tôt, plus vite, d'être déjà morts de notre vivant. « J'ai fait parler le Loup et répondre l'Agneau », écrivait La Fontaine (*Contre ceux qui ont le goût difficile*).

> J'ai passé plus avant : les arbres et les plantes
> Sont devenus chez moi créatures parlantes.

Voici la féerie que nous devons avoir toujours en tête pour affronter les coups du destin et les tourner en dérision. C'est la raison pour laquelle il faut s'abriter sous les arbres qui veillent sur nos morts et saluer au Père-Lachaise l'esprit de La Fontaine qui côtoie celui de Molière. Bientôt il n'y aura plus que dans les cimetières que nous trouverons un peu d'humour et de silence.

« Nous avons besoin de la beauté dans toutes ses variations » (Gerhard Richter). Contrairement à un livre dans lequel nous allons nous enfoncer, la peinture dans sa verticalité nous rétablit immédiatement. Elle est fulgurante, euphorisante. Elle déploie son énergie. Elle nous accorde une sensation de liberté. Tout à coup le monde s'ouvre dans ses couleurs et ses formes multiples. Elle nous lave, nous épure, nous allège et en même temps nous invite à la concentration. Car un tableau, c'est un concentré d'énergie. La peinture est en avance sur nous, nous oblige à acquérir en vitesse de corps et d'esprit, nous renverse, nous séduit.

« Je ne connais rien de plus admirable qu'un feu d'artifice, affirme Knulp, le héros d'Hermann Hesse : les fusées bleues et vertes s'élèvent dans les ténèbres et au moment précis où elles sont les plus belles, elles retombent et s'éteignent. Quand on assiste à ce spectacle, on éprouve de la joie et très vite il faut qu'il en soit ainsi ; si le spectacle durait plus longtemps, il serait beaucoup moins beau. »

La vie n'est supportable que plongée dans la musique, la peinture, les écritures, seuls antidotes avec le sacré au poison de l'absurde. Le quotidien est sublime quand il se confond avec l'art, quand il y a eu fusion et confusion entre les deux. Le réel s'intensifie si l'émotion qu'il provoque est prolongée par la transfiguration. Nous devrions chaque jour nous réfléchir dans une peinture afin d'oublier nos minables blessures d'ego et sculpter notre corps, notre esprit.

La peinture et la musique sont deux sources de la joie. Elles nous ouvrent à nous petits hommes les portes du sublime. Écoutons Jankélévitch, le magnifique :

« La musique ne nous donne pas la béatitude des dieux, mais elle peut, elle la *comes laeticia*, elle le médicament de la tristesse et le consolament de l'affliction, rallumer en chaque homme, pendant un instant, l'étincelle de joie, faire de chaque homme un demi-dieu. [...] Elle nous découvre à nous-mêmes notre joie profonde, notre joie ignorée, méconnue, notre joie essentielle dissimulée sous les soucis et recouverte par les passions mesquines ; elle nous donne, comme ces chants de purification dont parle Aristote, la joie sans dommage. »

Ce que Nietzsche veut de la musique, c'est la « belle humeur » contre la « mélancolie de l'impuissance ». Mozart contre ce qu'il croit pouvoir entendre dans Brahms. La musique est un secret où l'ineffable et le subtil se rencontrent. C'est là l'extrême noblesse. La mélodie évidente et indéchiffrable.

La belle humeur, ce sont aussi les violons de Vivaldi, ce concentré de joie et dévoration du monde. Musique de la volupté où tout défile dans une accélération: le paysage, le soleil, la femme, l'absolu. Cette façon de monter ou plutôt d'être porté par les anges vers le sommet. Ne jamais se laisser tomber, rebondir, s'élever vers la grâce. Vivaldi, la vivacité d'exécution. La prodigalité qui est le don, la générosité de la vie. Il y a du feu dans sa musique, et sa chevelure, lui, que l'on surnommait à Venise le prêtre rouquin.

Les indignés de *Occupy Wall Street* à New York, de la place du Soleil à Madrid font sourire les gestionnaires des fonds d'investissement qui, dans leur jeunesse, ont frôlé la marge, fumé de l'herbe et écoutent encore à longueur de journée du rock dur en se gavant de boissons énergétisantes. L'argent transforme tout, fluidifie tout, liquéfie toute contestation. Si Facebook, Twitter, YouTube sont les nouvelles agoras de la contestation, on peut être convaincu que la dissidence sera toujours tuée dans le fruit. Que ces réseaux sociaux fussent à l'œuvre dans le printemps arabe pour faire tomber des dictatures apparaît logique : le capitalisme a besoin au nom des libertés de nouveaux terreaux, de territoires à conquérir. Le marché ne doit pas cesser de s'étendre, la croissance de se développer surtout quand la crise ravage la planète.

La disparition de l'écrit s'inscrit dans la logique du capitalisme des écrans. Personne n'a déclaré la guerre à la littérature. Tout le monde prétend l'aimer jusqu'à la numériser. Mais c'est un sablier entre nos mains. Les écrivains sont marginalisés dans la politique, la société, les journaux. La force subversive de la littérature est neutralisée.

Quel symbole que cette pomme, signature d'Apple dans laquelle le monde a croqué. Notre péché originel du IIIe millénaire. Nous sommes humains parce que nous commettons des péchés. Nous allons assister en ce XXIe siècle à l'effacement de la littérature. Les optimistes qui vont de l'allant peuvent raconter le contraire. « La littérature comme quintessence de la civilisation », c'est fini et c'est maintenant. « La littérature est communication », écrivait Bataille. Notre relation aux hommes changera quand la littérature aura été engloutie. Massacre des innocents. Bataille ajoutait : « La littérature… c'est enfin l'enfance retrouvée. » Les écrivains passent, font une saison et au tournoi suivant sont déclassés, hors-jeu.

Au cours du XXe siècle, il était encore possible de préserver l'ordre des choses, d'empêcher la fonte des glaciers. Mais la destruction s'est accélérée. On retiendra les petites maisons à Pékin ou Shanghaï, ces ruelles qui dessinaient l'esprit chinois : elles ont totalement disparu pour laisser place à des centres commerciaux. Les mécanismes de destruction sont à l'œuvre, la laideur gagne du terrain. Évolution suicidaire passionnante. C'est pourquoi nous ne devons pas fuir le réel. Mais l'aborder avec un très léger décalage.

Nous ne vivons pas la fin de l'Histoire. Au contraire, les civilisations ont à la fois conscience de leur vulnérabilité et de l'espace qui se raréfiera comme l'oxygène. Les fourches qui feront avancer l'Histoire seront donc l'économie, la technologie et les religions. Un monde d'une part, le nôtre, qui se sera détourné du sacré et son opposé pour qui, au contraire, la vie est d'abord religion. Cette confrontation du religieux guerrier et du profane technologique conduira à une nouvelle Iliade.

Quand on pense au concept de génération, on voit immédiatement celle perdue des années 20, celle de Fitzgerald — l'égotisme est une guerre — et d'Hemingway — l'action empêche le moi de se vautrer —, mais aussi à celle française des surréalistes qui changèrent la plastique du monde. Génération tumultueuse. Révolutionnaire, esthétique, politique. Champs magnétiques, amour fou. Libération absolue contre les conformismes. Sans exception. Les écrans sont un rempart entre l'homme et l'Histoire.

Aujourd'hui un héros de son temps, c'est Mark Zuckerberg, le fondateur de Facebook. Milliards de dollars et T-shirt. Le style *street wear* est une façon de tuer la révolte. Le capitalisme l'a compris et c'est ainsi qu'il neutralise toute forme de contestation. Même un groupe violent dépendant de la consommation, des marques, des sigles finit par être neutralisé. Le capitalisme, ayant les moyens de la réactivité, triomphe toujours.

L'élégance et l'héroïsme, qualités de l'anarchie individualiste, sont écrasés et même suspects. Quel sera le dandysme du XXIe siècle ? Excluons la mode qui sait parfaitement manipuler cette référence. Le dandysme est un refus d'appartenir au monde productif — cet adjectif fait presque rire tant il relève des vieilles lunes de l'industrie —, celui de la vitesse, du flux, de l'argent. Le dandy est un contemplatif, un solitaire qui refuse le groupe, l'humanité, par orgueil et désir du sublime.

« De la vaporisation et de la centralisation du *moi*. Tout est là » (Baudelaire, *Mon cœur mis à nu*).

Le dandysme ne peut rester synonyme de miroir, poudre, cravate et élégance britannique. Il est très étonnant que la langue française n'ait pas trouvé un autre mot plus adapté aux temps modernes, c'est-à-dire que nous n'ayons pas su mettre en avant des figures dissidentes et esthétiques. Un acteur de cinéma ou un animateur de télévision un peu provocateur et non débraillé est qualifié de dandy. Le mot est une impasse. Qu'est-ce que le dandy, se demandait Baudelaire sans y répondre directement mais par des cercles concentriques. D'abord les questions essentielles : « Où sont nos amis morts ? Pourquoi sommes-nous ici ? Venons-nous de quelque part ? »

Autre cercle : « Il n'existe que trois êtres respectables : le prêtre, le guerrier, le poète. Savoir, tuer et créer. »

Nous sommes restés accrochés à cette image du dandy du XIXe sans parvenir à la renouveler. Au XXe siècle, Scott Fitzgerald modernisa le dandysme littéraire en le poussant jusqu'au bout du désespoir. Il y eut les voies parallèles de Rigaut, Drieu. Le désespoir se suicida. Le dandy oisif absolu, ne s'intéressant qu'au culte de soi, n'a plus de sens aujourd'hui si ce n'est pour renouer avec son propre corps maltraité par nos sociétés. Mais la question de l'élégance, du refus du bruit et de la vulgarité ne cesse cependant de se poser. Les nouveaux dandys s'opposeront aux écrans qui brisent la politesse entre les hommes, liront les auteurs grecs et latins méprisés par notre société utilitariste.

La disparition du dandysme s'accompagne du naufrage de l'humour. Notre monde se fige et se crispe un peu plus dans l'esprit de sérieux, cette gravité au visage de crise. Bien sûr, la dérision circule sur la Toile mais l'humour, celui qui n'est pas dupe, qui ne croit pas à la marche du monde, où se niche-t-il ? Une société sans humour, marque d'une régression et d'un terrible conservatisme. L'humour et le rire, armes dont les va-nu-pieds disposent pour désarçonner et faire tomber les maîtres du monde. L'humour contre le nivellement de la langue et l'uniformisation. Le grand rire et la contestation vont ensemble. Le rire généreux qui embrase tout. Pas le petit ricanement. Il faudrait imaginer Don Quichotte et Gargantua parcourir le monde tel qu'il va. Conjuguer force et vitalité. Appétit de vie et bouffonnerie. Rire de tout, pas d'autre ligne de fuite.

À la vérité, nous ne savons plus vivre. Nous avons perdu en chemin la grâce des jours. Ce temps qui est le vent, le soleil sur notre peau. La numérisation de notre quotidien a entraîné une perte de sensualité. Où est passée la vaste disponibilité à l'enchantement de la nature, cet arbre d'oisiveté dont parle Lawrence Durrell dans ses poèmes et qui doit ressembler un peu à l'arbre voyageur? La solaire contemplation méditerranéenne qui a adouci l'hyperactivité européenne. Celle du Cossery de *Mendiants et orgueilleux*. « Il était profondément heureux. C'était toujours la même chose : cet émerveillement qu'il avait devant l'absurde facilité de la vie. Tout était dérisoire et facile. Il n'avait qu'à regarder autour de lui pour s'en convaincre. Ici, c'est la vie qui est digne et qui doit procurer une joie généreuse. »

Le bleu, là devant les yeux, immense arc de cercle. Voilà le bleu de la Méditerranée des Grecs, celui des *Noces à Tipasa* de Camus entre le ciel, le soleil et les ruines. Tout frémit de couleurs et de parfums. Les dieux sont là. Camus écarte l'intelligence, l'orgueil des peuples trop civilisés : « Ici, je laisse à d'autres l'ordre et la mesure. C'est le grand libertinage de la nature et de la mer qui m'accapare tout entier. » Admirable déclaration, long poème en prose aux allures d'épopée mythologique, où tout est humain, fragile et généreux. Une évidence, une immanence de la joie. Un combat contre les forces du mal qui tuent. « Mais enfin, ce qui me nie dans cette vie, c'est d'abord ce qui me tue. Tout ce qui exalte la vie accroît en même temps son absurdité. »

La mythologie grecque nous a appris les différentes métamorphoses de la guerre. Elle change de forme mais elle est toujours là. Guerres de religions, d'États, guerres de l'économie, de la communication, des technologies. Une fois le voile de l'innocence déchiré nous devons nous battre contre la famille, l'école, les conventions de la société et ne croyons pas qu'elle devient de plus en plus libérale. Les gens ne respirent plus. Ils n'en peuvent plus. Ils courent, consomment, cèdent à toutes les injonctions paradoxales. Il faudra donc être à l'avenir souple, astucieux, singulier. L'agilité des corps et des esprits dans une époque lourde et dématérialisée. « Or, la guerre est fondée sur la tromperie, écrit Sun Tzu. Déplacez-vous lorsque c'est votre intérêt et créez des changements de situation par des dispersements et des concentrations de forces. »

Ces techniques de combat seront utiles à l'avenir. Supériorité de l'esprit chinois si proche de l'esprit grec.

« En campagne, soyez rapide comme le vent; lorsque vous avancez par petites étapes, majestueux comme la forêt; dans l'incursion et le pillage, semblable au feu; à l'arrêt, inébranlable comme les montagnes. Aussi insondable que les nuages, déplacez-vous comme la foudre. »

Nemo, personne, contre le numérique. Pour être plus fluide et incarné que lui. Oui, nous avons tourné le dos aux dieux et aux titans : grossière erreur ! Notre monde se lit plus que jamais dans la *Théogonie* d'Hésiode et l'*Iliade* d'Homère. À notre tour nous avons courroucé les dieux. Nous nous étonnons de nos maux, des injustices qui nous fauchent. Mais c'est le grand désordre du monde, la terre ne peut que gémir depuis qu'Uranus enfouit ses propres enfants dans ses flancs. Le monde grec ne nous parle que de combats, d'offenses aux dieux. C'est la surface de la mer. En fait la mythologie est pour nous aujourd'hui une musique, une litanie, un bain de calme et de beauté. Une leçon de courage et d'intelligence pour affronter notre pauvre destin. La technologie accroît les capacités mais réduit notre puissance humaine.

Les Grecs nous ont appris la magnificence de l'instant pur, de la jouissance du présent. Les Romains les ont suivis sur cette voie. « *Laetus in praesens animus* » (Horace). Et cette beauté de l'instant ne doit pas nous être ravie.

C'est parfois si simple le bonheur : un paysage, la mer, le soleil, un parfum. Nous les perdons de vue aujourd'hui. « C'est quelque part entre la Calabre et Corfou que le bleu commence pour de bon » (Lawrence Durrell, *L'Île de Prospero*).

Les îles, ces hosties de sable vers lesquelles les hommes se sont réfugiés quand le monde était trop bruyant. « *No tongue! all eyes! be silent!* », écrivait Shakespeare dans *La Tempête* que Durrell cite en exergue. « Pas de mots, les yeux ouverts, soyez silencieux. »

Mise en pages :
rue.des.malassis@free.fr